销售就是要
会说话

怎么问，顾客才肯说；如何讲，顾客才会买

胡超◎编著

国际文化出版公司
·北京·

图书在版编目（CIP）数据

销售就是要会说话 / 胡超编著 . — 北京 : 国际文化出版公司 , 2023.4
　　ISBN 978-7-5125-1446-1

Ⅰ . ①销… Ⅱ . ①胡… Ⅲ . ①销售－口才学－通俗读物 Ⅳ . ① F713.3-49 ② H019-49

中国国家版本馆 CIP 数据核字 (2023) 第 014622 号

销售就是要会说话

作　　者	胡　超
责任编辑	侯娟雅
策划编辑	杨郭君　温爱华
出版发行	国际文化出版公司
经　　销	国文润华文化传媒（北京）有限责任公司
印　　刷	嘉业印刷（天津）有限公司
开　　本	710 毫米 ×1000 毫米　　　16 开 16.5 印张　　　　　　　　　200 千字
版　　次	2023 年 4 月第 1 版 2023 年 4 月第 1 次印刷
书　　号	ISBN 978-7-5125-1446-1
定　　价	48.00 元

国际文化出版公司
北京朝阳区东土城路乙 9 号　　　　邮编： 100013
总编室： （010） 64270995　　　　传真： （010） 64270995
销售热线： （010） 64271187
传真： （010） 64271187-800
E-mail: icpc@95777.sina.net

引言

说起什么样的工作是最大众化的,很多人都会谈到销售。相比于其他类型的工作,销售的跨度非常大,范围也非常广,可以说各行各业都离不开销售。毕竟如果没有销售就不存在交易和流通,行业的发展也就无从说起。虽则销售具有普遍性,市场对销售者的需求也很大,但很多销售者的专业能力是值得怀疑的。确实,销售的门槛较低,销售者的能力良莠不齐。甚至于不少销售者并不知道自己处于仓促上岗,盲人骑瞎马,找不到更合理销售方式的怪圈。

比如,很多销售者常常会感到疑惑:

为什么我一直很勤奋,但就是没办法获得订单?

为什么我用心为顾客服务,但顾客就是不认同我?

为什么我为顾客提供了最好的产品和服务,却无法提升顾客的忠诚度呢?

为什么我每天都忙于应付顾客,但效果并不明显?

为什么我和顾客说了那么多,对方一句话也没听进去?

为什么我每次开口说话，顾客总是唱反调？

遇到以上这些问题，很多销售者可能将失败原因归结为自己的产品不受欢迎、运气不太好、顾客太挑剔。或者认为自己的平台不行、个人的能力也不行。事实上，销售工作的好坏和很多因素有关，比如销售者需要过硬的专业知识，需要强大的心理素质，需要积累丰富的工作经验，需要大量的人脉，需要一些创新思维。但很多销售者容易忽略一点：销售的本质是一种沟通，是人与人之间的一种交流。人们经常会将销售方面的工作称作谈生意，所谓的"谈"就是一种交流与沟通，就是销售一方试图说服客户。很多时候，销售者被认为能力不行，其实说的是其表达能力和沟通能力弱。

《牛津词典》中对销售的定义是"将某种物品的价值的相关信息传递给某人，从而激发这个人购买、拥有或者同意、认同的行为"。传递信息最直接的方式就是沟通，就是和顾客进行对话，这是销售最基本的要素，但这样一项基本工作，往往也是最难的。很多销售工作之所以被搞砸、之所以难以取得预期的效果，有时候并不是因为产品不行，不是因为运气不好，而是因为自己没有掌握正确的沟通方式和表达方式，没有掌握对话的技巧，严重降低了自己的说服力。可以说，如果一个销售者不善于表达、不善于沟通，就很难与顾客、客户建立良好的联结，无法形成持久的合作关系。

事实上，随着社会的发展、市场的细分，随着顾客对于产品的要求越来越高，销售者面临的销售压力一直在不断增加。现在有一个非常时髦的词："内卷"。在销售行业，内卷非常严重，毕竟这是一个功能疯狂复制的年代，也是一个信息泛滥的年代。任何商家都要面对一个严峻的问题：自己究竟还有多少东西可以打动消费者？凭什么让顾客一眼就注意到自家的产品？凭什么让消费者对自己的产品感兴趣并产生购买的欲望？

对厂家和个人销售者来说，寻求突破，努力在宣传和表达这种软实力上获得提升是一个不错的方法。简单来说，要想办法提升自己的沟通和表达能力，变成一个更加懂得说话的推销者。如果注意观察，我们就会发现很多公司为了提升销售额，会对员工进行培训，而培训的一项重要内容就是提升他们的表达能力。

在过去很长一段时间里，说话技巧被认为是一种不入流的能力，人们会认为销售者提升说话技巧不过是为了欺骗消费者，"能说会道"被认为是一种"不正经"的能力，甚至常常被当成贬义词。其实这和销售者的表达方式有关，有的销售者会将能说会道当成多说话，但多说话并不意味着会说话。会说话代表了一种技巧，它的目的是说服顾客购买产品。而这种技巧性的东西，往往比较灵活，销售者可以选择适合的方法进行沟通。但想与顾客建立更高效的沟通，往往需要掌握一些基本的说话之道。比如，如何去吸引顾客的注意力、如何去说服顾客接受自己推荐的产品、如何去解决彼此之间存在的分歧、如何去赢得顾客的信任、如何去刺激顾客的消费欲望、如何去引导顾客说出自己的想法、如何去做好产品的宣传等。

同样一件产品，同样都了解产品的信息，有的人可以轻松说服顾客掏钱购买，有的人则费了半天口舌也无法说服顾客，其实差距就在于表达能力的不同。人们对说话能力的不重视和误解，会导致他们丧失自我提升的机会。如果细心观察和分析，就会发现说话能力其实是一种综合能力的体现。一个人的说话能力往往和个人的思维能力、视野的宽度和高度、对事物的认知程度、知识的整合能力、情绪的控制能力等相关。说话能力强的人，在其他方面也具备一定的优势。因此，人们需要转变思维，正视说话的价值和功效。

本书将重点探讨销售过程中的说话技巧，仔细分析销售过程中的沟通误区，谈到具体的表达方法和沟通技巧，涉及沟通的各个方面，为读者打造一个立体的沟通模型，这对于销售工作的推动会起到极为重要的作用。为了帮助读者更好地消化书中的内容，作者的写作风格偏通俗化，一些专业的观点和方法也用通俗的语言进行解读，读者在理解方面不会存在较大的障碍，可以说是比较理想的读本。

目录

引言 / 1

第一章 销售是一门语言艺术，说得好才能卖得好

为什么自家的产品很好，销量却较差？ / 002
准确了解消费进程，才能更高效地进行沟通 / 006
你了解顾客的消费心理吗 / 010
销售工作首先看重的是语言修炼 / 015
进行精准的自我定位 / 019

第二章 销售过程中常见的沟通误区

避免过度热情地推销产品 / 024
不要试图用成本核算来讨价还价 / 028
不要否定顾客的眼光 / 032
不要帮顾客做出购买决定 / 036
避免使用太多的专业术语 / 040
避免对顾客进行情绪勒索 / 044
拒绝自说自话，要保持倾听的姿态 / 047

第三章　成功的销售首先在于赢得顾客的信任

把自己定位成分享者 / 052
懂得主动赞美自己的客户 / 056
多聊一聊彼此之间的共同点 / 060
懂得借助闲聊来拉近关系 / 063
让顾客帮忙找顾客 / 067
保持真诚，和顾客建立更好的关系 / 071
保持自信，才能说服顾客 / 075

第四章　客户是上帝，要懂得迎合客户

把握用户的痛点，有针对性地进行销售 / 080
迎合顾客的情感需求 / 084
要契合别人的经验 / 088
面对顾客的指责，要沉住气 / 092
被顾客拒绝时，要保持大度 / 096
在顾客面前保持同理心 / 100
面对不同类型的顾客，采取不同的沟通策略 / 105
主动去了解顾客的反馈 / 109

第五章　销售讲究的就是心理战术

激发消费者的责任感 / 114
转移决策权，让顾客无处发力 / 118
侧重刺激客户的损失敏感心理 / 122
合理使用红白脸策略 / 126

借助配套效应，刺激顾客的消费欲望 / 130

从简单的小要求开始，逐步提出更高的要求 / 134

让第三方赞美自己，避免自卖自夸 / 138

借助群体的力量发表演讲 / 143

第六章 讲好销售故事，吸引顾客的注意力

现身说法，讲好自己的故事 / 148

要给客户营造画面感 / 152

借助名人效应来宣传产品 / 156

以感人的故事打动顾客 / 159

通过讲故事的方式构建销售场景 / 162

利用故事打造符号 / 166

给予顾客一种生活理念，而非单纯的产品 / 169

借助故事设置悬念，刺激顾客的消费欲望 / 173

第七章 提问与回答的技巧

不可不知的提问技巧：SPIN销售模式 / 178

提问要更加具体 / 182

转变表达方式，避免顾客给自己挖坑 / 186

尽量不要给顾客说"不"的机会 / 189

多问顾客几个"为什么" / 193

巧妙借助"问题—行为"效应 / 197

提出一些询问相反概念的问题 / 201

第八章　想要把话说好，需要掌握一些基础能力

掌握一些最基本的说话能力　/　206
培养正确的说话习惯，打造更完美的形象　/　210
把握说话的逻辑：金字塔式的结构化表达　/　214
分清主次顺序：让表达更高效　/　218
烘托对话的氛围：保持幽默的风格　/　222
掌控好销售节奏：神奇的 NEADS 法　/　226
高效结尾：寻找连续沟通的机会　/　230

第九章　主动锻炼说话能力，才能让销售更成功

多参加销售活动，提升表达能力　/　236
努力和自己不喜欢的顾客打好交道　/　239
加强学习，做好知识的沉淀　/　242
平时要多思考　/　246

后记　销售过程中打造自己的说话风格　/　250

第一章

销售是一门语言艺术,
说得好才能卖得好

为什么自家的产品很好，销量却较差？

经常会有人抱怨自己遭受了市场的冷落，明明自己的产品非常好，无论是外在的设计，还是内在的质量，都是业内一流的，可偏偏没人来买这些产品。其实，这些抱怨恰恰反映了一系列问题：

人们是否觉得，麦当劳和肯德基的汉堡就一定比小店里的汉堡更好吃呢？那些国际知名品牌的服装，一定比市场上的服饰质量更好、设计更出色吗？一个优秀的流行歌手，他创作的作品质量就比那些不知名的歌手更好吗？

回答这些问题似乎并不难，很多人轻而易举就会给出答案：品牌。是的，品牌往往可以决定销量的高低。那些品牌知名度低的产品和服务，的确很难赢得市场的认同，即便它们的质量更好。但究竟是谁告诉消费者，品牌更好的产品，它们的质量会更好呢？

可能很多人都会忽略这样一个真相：市场并不完全是看产品的使用价值的。产品性能更出色、质量更好，并不意味着就更受市场的欢迎，品牌是一个重要因素。但品牌其实不过是宣传下的产物，一家企业，或者一个人，他们都会动用自己的资源来进行宣传，而这种宣传就是销售工作中最重要的内容。

销售者总是会有意无意地进行"催眠"和引导，让顾客坚信自己购买的产品更好。那些大品牌企业，更是如此。即便没有那些天花乱坠的广告宣传，销售者也总是会在柜台向顾客进行各种描述。比如，他们会说香奈儿的包是身份的象征，是欧洲王室成员、商人和明星的最爱；会说苹果手机是时下年轻人社交的基本工具；会说人一辈子应该吃一次哈根达斯；也会告诉顾客蒂芙尼项链和普通项链的区别是什么。

一些小品牌，甚至没有品牌的产品，在宣传时也是如此。销售者会把握顾客的心理，找出让对方听起来最舒服且最容易打动人心的话。好的产品有很多，但好的销售者并不常见，更何况市场本身就存在信息差，掌握市场信息不充分的消费者很容易受到信息差的影响，以至于常常无法分辨品质的好坏。在这种情况下，销售者的销售工作将会起到很大的引导作用。从某种意义上来说，无论是人们常说的流量，还是品牌影响力，本质上都是销售效率的高低问题。善于销售的人，总有办法提升产品的关注度，并让市场接受自己的产品。

随着时代的发展，销售工作越来越重要，而且对销售技能的要求也越来越高。有趣的是，销售工作的展开，或者说销售语言的变化，本身就和时代发展息息相关。比如很多人都习惯了对销售进行时代意义上的划分，即所谓的"销售1.0时代""销售2.0时代"以及"销售3.0时代"。不同的时代，往往拥有不同的销售模式和销售特点，销售者的表现往往也不相同。

比如在"销售1.0时代"，由于市场并不完善，商品的种类比较少，参与交易的人也不多，销售一方往往占据市场的主动权。他们通常不是很看重市场的细分，产品应该卖给谁以及卖给谁最合适并不是他们关心的问题，而是想着如何做出好的产品、如何提升自己的生产能力和包装能力。在这个阶段，销售工作相对比较简单，只要介绍自己产品的性能和优势就行，顾客或消费者通常并没有其他选择。

到了"销售 2.0 时代"，市场经济日臻完善，商品种类越来越丰富，各种类型的销售也层出不穷。这时候，传统的大众营销模式不再适用，划分市场成了一项重要且紧迫的任务。销售者开始针对不同类型的顾客采取不同的营销策略，他们的表达变得更有针对性，方法也更为精准。更重要的是，他们会提前了解什么样的顾客最适合自己。

"销售 3.0 时代"，也被称为"创意营销传播"时代。在这一阶段，产品的宣传和内容营销成了重中之重。商家和销售者开始思考更多有创意的营销方式，媒体创新、内容创新、传播沟通方式创新是销售的主流。他们会想办法制作更有趣、更吸引人的内容，而不是像过去那样只注重产品信息的传递。

随着社会的发展，商品的种类越来越多，加上信息爆炸带来的影响，想要真正脱颖而出，不仅仅要在技术上寻求创新，还要在销售方面寻求突破。而且，销售工作正变得越来越难，因为取悦顾客的难度一直都在不断增加。有人曾这样描述当前销售工作的难度："1% 的销售是在电话中完成的，2% 的销售是在第一次接洽后完成的，5% 的销售是在第二次跟踪后完成的，10% 的销售是在第三次跟踪后完成的，80% 以上的销售是在第四次到第十一次跟踪后完成的。"

大众面临的销售困境，其实具有一定的普遍性，小到农民的粮食、蔬菜和水果自产自销，大到企业的产品营销与市场扩张。每一个参与市场经济体系运作的人都会遭遇类似"卖货难"的问题，有很多优秀的企业和优秀的产品，往往会成为市场的弃儿，始终无法依靠自己产品的高质量赢得市场竞争。

其实，产品不好卖往往是一个非常复杂的问题，有复杂的原因。但其中有一点肯定不能忽略，那就是销售能力问题。严格来说，产品不好卖大都和销售问题有关。销售能力强的人，可以将一件普通产品顺利地出售给顾客；而销售能力差的人，即便手里拥有市场上最好的产品，也无法顺利赢得消费者的信任。在很多时候，销售直接决定了企业发展的上限。因为销售水平的高低会直接影响产品的出货量，会影响到产品的市场影响力。因此想要提升销量，首先就要掌握更高效的销售模式，并提升说服顾客的能力。

准确了解消费进程，才能更高效地进行沟通

在日常销售活动中，很多销售者都会抱怨自己的工作难做，不知道顾客心里在想些什么，经常不知道该如何和顾客进行沟通。其实所谓的销售工作难做，往往并不只是因为表达能力不行，还在于表达的时机不对，尤其当销售者不了解顾客在消费过程中的状态时，很容易做出不合理的表达。

正因为如此，销售者必须先掌握消费进程，了解在整个过程中顾客具体的心理活动。一般来说，顾客的消费进程分为七个阶段。在不同的阶段，顾客会有不同的行为表现，会有不同的心理活动。只要把握住消费进程，就可以引导顾客进入销售者预先设定的节奏。

第一阶段是注意力，即顾客对相关产品和服务产生关注。在这个阶段，如何吸引顾客注意力是关键。销售者需要想办法突出产品的优势和价值，尤其是其与众不同的价值。比如跟顾客说："我们新研发了一款产品，性能提升了20%。"或者强调说："下周我们将会举办一次最大的促销会。"

除此之外，销售者的表达方式也至关重要。一些另类的、有趣的、富有

创意的表达方式，可能更容易引起顾客的关注。比如，很多人会以说相声的方式宣传自己的产品，这样可以有效制造噱头，引起市场的关注。

第二阶段是兴趣。当顾客对产品有所关注之后，可能会逐渐产生兴趣，渴望更深入地了解产品的相关性能。这时，销售者要做的就是强化宣传，争取将顾客对产品的注意力转化成兴趣，引导顾客产生进一步了解产品的需求。比如，很多销售者会强调产品的打折力度，以此来吸引顾客的关注。这个时候顾客就会产生兴趣，可能就会迫切地想要知道产品究竟好不好、打折的力度大不大。为了激发顾客更大的兴趣，销售者可以进一步描述打折的细节，比如送赠品，同时强调产品的优势，说出对方的需求。

第三阶段是欲望。引起兴趣并不意味着顾客就会产生购买产品的欲望，只有真正产生了消费的欲望，顾客才愿意掏钱购买产品。简单来说，销售者必须想办法引导顾客从"这件东西看起来很不错"的态度上变成"我也渴望拥有这个产品"，或者"我也迫不及待地想要体验一下这种服务"。具体的做法，就是加强宣传，将产品价值和顾客需求相结合起来，强调拥有这个产品将会给顾客的生活带来什么改变、带来什么更好的体验。通常情况下，销售者可以向顾客描述产品体验的一些细节，包括视觉、味觉、听觉、嗅觉、触觉上的刺激。比如某耳机制造商在向顾客描述自己的产品时，这样说道："当你戴上耳机的那一刻，就会被音乐包裹住，你能感觉到每一个音符在头脑中跳动，感觉到每一个声音钻入皮肤的小孔。"这种形象的描述往往会产生更好的刺激作用，激发顾客的兴趣。

第四阶段是信赖。顾客对某产品产生了欲望，这同样并不意味着他们就愿意花钱购买这款产品。因为他们可能还有其他的选择，也可能还有一些顾虑。销售者必须想办法说服对方，使其对自家产品产生足够的信任。比如对自家产品和竞争者的产品进行对比,突出自家产品的优势:"市面上有17种同类型的产品,但我们的性价比是最高的""本地市场上有三家同类型的竞争者,但只有我们获得了ISO9000质量体系认证"等。想要赢得顾客的信赖,那就要懂得强调自家产品的绝对优势。

第五阶段是决定。赢得信赖之后,顾客基本上已经被说服了,购买心仪的产品或服务的概率大大增加。这个时候,往往也是最容易放松的环节。销售者通常会觉得这笔生意已经十拿九稳了,但实际上只要顾客没有正式决定购买,交易就不算成功,一些外在的原因还有可能会干扰最终的交易。所以,销售者要做的就是引导对方下定决心。比如当顾客差不多被说动的时候,一定要赞美顾客的眼光,要强调这件产品和对方非常匹配:"先生,您的眼光真不错,这件衣服不太好驾驭,但是和您非常匹配,您穿起来,形象非常完美。"这些看起来不经意的赞美,会让顾客有一种满足感,推动他们做出购买决定。

第六阶段是购买。在顾客下定决心后,购买行为往往会很快出现。但对于销售者来说,需要继续保持耐心,不要表现出"现在就可以完成交易活动"的想法,也不要催促对方赶快付钱。为了确保不会出现问题,可以适当转移话题,说一些生活话题,聊一聊各自的生活,也可以趁着这个机会介绍产品的使用方式。在购买阶段,销售者需要确保自己不会犯错,也不能因为销售活动即将完成就表现出对顾客的随意和不尊重,要继续保持良好的态度,在对话时更多地迎合对方。

第七个阶段是满足。当顾客购买产品之后,往往会有一种满足感,认为"自己终于获得了这件产品"。为了强化这种满足感,销售者可以从三个方面进行沟通:

第一，强调自己对顾客的重视，比如告诉顾客："恭喜你，你成了我们第×××个用户。"或者也可以这样说："现在你已经是我们的会员了，以后将会优先享受店里的优惠活动。"

第二，强调产品的价值给对方带来的满足，比如告诉顾客"使用这款产品，相信您将会拥有前所未有的良好体验"。或者告诉对方："这款产品会显著改善您的生活。"

第三，强调产品与顾客的契合度，称赞顾客选择产品的眼光，比如："说真的，您挑选产品的眼光非常独到。"

激发顾客的满足心理，并不仅仅是为了给这一次的交易做一个更好的收尾，也是为了给下一次交易开一个好头。当顾客获得更大的满足后，更容易对产品和品牌产生忠诚度，销售者可以引导他们下一次继续来这里购买同类型或者同品牌的产品。

对于销售者来说，把握顾客的消费进程有助于提高销售的效率。销售者可以更好地了解顾客在不同消费阶段的心理活动，掌握其中的特点，并有针对性地调整自己的沟通方式，确保自己可以更精准地引导和推动顾客一步步完成购买行动。

你了解顾客的消费心理吗

众所周知，销售的最终目的是说服顾客，将自己的产品和服务卖给顾客。但从销售的过程来看，销售方想要获得成功，最重要的往往不是如何去展示自己的产品，而是如何迎合顾客的心理需求，了解顾客的消费心理。因为消费心理往往决定了个人的消费行为以及消费习惯，也间接决定了销售的效率。

消费者或者顾客通常具备以下几种常见的消费心理：

——趋同心理

趋同心理其实就是一种大众化消费心理模式。简单来说，就是看到多数人喜欢什么产品自己就选择什么产品，看到多数人使用什么产品就想要购买什么产品。这一类顾客对产品和服务并没有什么主见，甚至都不够了解，只是单纯地依据大众的喜好来做出消费的决定。面对这样的顾客，销售者要做的就是尽可能借助大众的消费模式来打动对方，强调"很多人都在使用这个产品"，强调"这是市面上非常流行的款式"以及它们所引发的一些社会效应。比如，每年春季有大量服装新品上市，为了提升销售量，店家往往会强调"这是今年最流行的款式和颜色"，以此来迎合消费者的趋同心理，让他们安心掏钱买单。

——同步心理

同步心理从本质上来说就是一种攀比心理，一般是指层次相同的顾客会在消费中形成相互学习、相互比较的局面。当自己朋友圈中的某人购买了某件产品之后，为了不落下风，自己也会选择购买，甚至购买比对方更好的产品。这类顾客往往喜欢与人比较，因此销售者应该懂得制造对比，刺激对方的攀比心理，比如告诉对方"附近的白领都在用这款产品""我认识的成功人士都在追这款产品"。很多奢侈品进入中国市场之后，销售者就会强调它"高层次的社交属性"，说这是成功人士最喜欢的东西，也是身份和地位的象征。这些描述往往会激发人们的攀比心理。

——求异心理

求异心理追求一种个性化的消费模式，有着这类心理的顾客可能喜欢反大众化的东西，喜欢非常冷门的品牌与设计。他们渴望通过这种独特的消费来彰显个性与魅力，渴望借助独一无二的消费模式将自己同其他人区分开来，并以此来获得更多的关注。在面对这样的顾客时，最重要的是强调产品和服务独一无二的特性，或者可以这样说："这款产品和您的气质完美融合，其他人可能就真的不适合了。"

——好奇心理

好奇心理是比较常见的消费心理。与求异心理不同的是,好奇心很重的顾客对任何一款新产品都会产生浓厚的兴趣,他们渴望尝试一下新的体验。因此销售者在销售的过程中,应该重点强调产品的"新特性",重点渲染产品的使用功效,这样就可以激发对方购买的欲望。比如在销售一款新的电子产品时,可以这样告诉对方:"这是最新的产品,它会给你带来从未有过的体验。"也可以强调:"它还具备很多隐藏的功能,你可以慢慢挖掘和尝试。"

——便利心理

便利心理侧重于追求产品的便利功能,如果产品使用起来比较麻烦,这类心理的顾客往往会选择放弃。事实上,很多顾客会排斥那些智能家居产品,会反对那些互联网技术包装的产品,就是因为他们不擅长使用这些产品,觉得这些产品只会带来操作上的麻烦。销售者在面对这类顾客时,最重要的就是强调产品功能的便利,强调它能够给顾客的生活带来什么样的便利。比如在介绍人脸支付的产品时,可以强调不用进行手机扫码、强调不需要使用身份证。

——求美心理

求美心理是指追求美好事物的心理倾向。在日常消费互动中,有不少人只看重设计更精美、技术更先进的产品,相比产品适不适用、产品的价值如何,这类顾客在乎的是外形设计是不是足够惊艳、具不具备美感。因此,销售者在推销自己的产品和服务时,一定要突出产品外在的美感,或者强调这些产品和服务会给顾客带来什么美好的体验。比如许多女士喜欢更能体现出好身材的衣服,那么销售者在推销时,需要重点强调衣服的美感,以及它能够凸显好身材。

——求名心理

求名心理简单来说就是借助产品和服务来彰显自己社会地位的一种心理。这类心理的顾客往往喜欢购买别人买不起的东西，喜欢购买一些名牌产品。对他们而言，一件产品好不好用是其次，重要的是品牌的知名度一定要高，产品最好贵一点，能够凸显出自己的品位和实力。所以在销售的过程中，销售者要强调产品的品牌价值，要强调社会知名人士和成功人士对其产品的选择，以此来迎合对方的虚荣心。比如强调产品的品牌优势，或者告诉顾客"有位名人也在使用同款产品"。

——选价心理

选价心理主要强调对价格的关注。价格往往会成为某些顾客挑选产品的最大依据。比如有的人只买贵的东西，而有的人则追求实惠，东西越便宜越好，质量往往不在他们考虑的范围之内。在面对喜欢参照价格来决定是否购买的顾客时，一定要投其所好，强调产品的价格，比其他同类产品更贵或者更便宜，这样往往可以更好地打动对方。

除了以上几种常见的消费心理之外，消费者或顾客往往还存在一些其他的偏好心理。比如不少人偏好某一种牌子的产品，即便它不物美价廉也不具备知名度，只因为他们对此已经形成了多年的消费习惯和情感支持。还有一些人会看重本地货，这也是受到了情感加分的影响。不同的偏好心理，往往会有不同的消费理念和习惯，这是销售者需要重点关注的内容。

总的来说，在面对不同的顾客时，销售者首先不要急于介绍自己的产品，而是要懂得揣摩顾客的消费心理。如了解顾客的职业，观察顾客的穿着打扮，倾听顾客的言谈，或者询问顾客的消费习惯；看看顾客平时喜欢什么东西、喜欢去什么店里购买东西，从中挖掘顾客的消费信息，分析顾客的消费心理，然后就可以有针对性地发挥自己的销售能力了。

销售工作首先看重的是语言修炼

众所周知,就销售本身而言,说服顾客才是硬道理。以结果论来说,产品品质的好坏是一种客观因素,但客观因素并不是总能够决定顾客的主观判断。因此销售者需要发挥主观能动性,积极说服顾客购买自己的产品或者服务。对于任何一家企业或者任何一个出售商品的人来说,销售是产品转化为利润的关键环节。只有将产品卖出去,销售方才会真正盈利。那么,如何才能做好销售工作呢?

最直接的一点肯定是说服力。销售者依靠什么来说服顾客,准备如何说服顾客,这里面往往隐藏着各种语言技巧。许多人认为,做销售工作的人嘴皮子要利索。确实,销售工作最基本的素养就是语言组织和语言表达能力,真正优秀的销售者往往拥有丰富的表达技巧和出色的表达能力。

关于语言的表达能力,主要体现在两个方面:

首先,是信息的传播能力。这里谈到的信息传播实际上强调了两个方面的内容:第一个是完整地传达自己想法和相关内容的能力。简单来说,就是销售者告诉顾客"产品是什么"。能否说清楚产品是什么、具有什么功效，直接关系着其能否满足顾客的需求。第二个就是销售者确保传递的信息可以被对方完整地接收，即顾客能够听得懂销售者的描述，并对产品产生直观的印象。

举一个很简单的例子：有个销售者在介绍自己的产品时，谈论了一大堆与产品关联性不大的事情，还讲了一大堆逻辑混乱的故事，顾客根本听不到什么有价值的信息，而且很多还听不懂，这就表明销售者的信息传播能力欠佳，无法完整、高效地告诉顾客自己卖的是什么以及其有什么优势。

信息传播或者说信息传递能力是一项最基本的销售能力，也是销售者完成销售工作的基础，它包括逻辑清晰的表达能力、信息的整合与压缩能力、信息的转化能力。

其次，语言表达强调说服力，而且是一种让人感到舒适的说服力。这就要求销售者必须具备高情商。1990年，美国心理学家约翰·梅耶和彼得·萨洛维首次提出了"情商"（EQ）这个概念。后来美国哈佛大学教授丹尼尔·戈尔曼出版了《情商：为什么情商比智商更重要》一书，使"情商"这个概念在全球普及。戈尔曼在前人基础上进行了深入分析，他将情商定义为辨识自身和他人情感、实现自我激发且管理自身情感和人际情感的能力，认为情商是处理人际关系的重要保障。

在销售工作中，高情商的人往往拥有更加出色的沟通能力和更富感染力的表达能力，在引导和说服顾客方面具备丰富的技巧，这是他们能够提高销售效率的前提。而高情商的销售技巧往往包含了很多方面的内容，可以说任何能让顾客自动消除质疑、保持舒适性，并主动体验产品和服务的沟通行为，都属于高情商表达。

比如，销售者和顾客之间常常会存在分歧，如何消除分歧并让顾客接纳自己的观点，就需要高情商的表达。销售者可以说"我会告诉你我的想法是什么，但你的想法的确非常有趣，眼光也很独到。如果我是你，无论如何也想不到这一点，不过，我觉得你还是可以去尝试一下的"，而不是直接进行反驳说"我想你是错的"。

当顾客挑选了某产品，而销售者想要介绍其他产品给对方，可以这样说："您的眼光真好，这是我们店里的明星产品。不过，还有这一件也很不错，这也是店里卖得十分火爆的。"这样，既顾及了顾客的面子，也巧妙地引出了自己想要推荐的产品。如果直接说"我觉得你选的这件不好，另一件更合适一些"，可能会让顾客感到尴尬和生气。

当顾客对店里的产品缺乏兴趣的时候，高情商的销售者不会喋喋不休地继续推销，也不会想办法让顾客再看看其他款式，而是会巧妙地将话题转移到一些生活话题上去，谈论顾客的爱好、工作和一些感兴趣的东西。通过转移话题，与顾客建立起更深的联结，这样对方可能还会有继续逛下去的动力。并且这样还可以尽可能地确保顾客会以更加愉悦的心情离开店铺，为其下一次的光顾奠定良好的基础。

又如，当顾客对产品不满意时，销售者没有必要针锋相对，可以选择以一种幽默的方式化解尴尬。比如当顾客认为产品的价钱太贵的时候，销售者不要试图在这个问题上纠缠不休，讨价还价，可试着告诉对方"这不算贵的，店里还有更贵的"。或者告诉顾客"我们的店铺处在黄金地段，各项支出都很惊人"。甚至可以这样说："是啊，正因为如此，我自己也不舍得买，我只能期待着有人快点买走它，这样我就不用老是惦记它了。"

高情商的表达是需要进行修炼的，它的基本原则就是迎合顾客，消除潜在的阻碍和分歧，从而顺利赢得顾客的信任；谈论彼此之间的共同点，谈论对方最感兴趣的话题，赞美顾客的形象或者言行；又或者懂得换位思考，站在顾客的角度进行表达。

  对于销售者来说，保持高情商的沟通方式至关重要，它也是日常销售工作中最重要的一项修炼方式。因此，需要勤于学习和掌握各种技巧，以提升自己对语言表达的控制能力，从而发挥出语言表达的真正作用。

进行精准的自我定位

"销售者"是一个比较泛化的概念,可以说各行各业几乎都离不开销售工作。正因为如此,对销售工作本身所处的行业、销售环境,以及在顾客面前应该扮演的角色。只有做好自我定位,才能更好地做好销售工作,做好相应的表达。

许多人往往会忽略这一点,认为销售工作都是相通的,只要掌握了工作技巧,就可以有效地应对各种类型的顾客。其实每个人的工作都会受到工作环境的影响,个人的言行举止是建立在他的自我定位的基础上的。定位不清晰的话,就难以与人进行高效的沟通。

比如一个在菜市场里卖菜的人,每天都要面对不同的普通消费者,他的自我定位应该是一个接地气的销售者、一个为地方普通百姓服务的工作者。按照这样的定位,他的销售风格应该是平实的、生活气息浓厚的,这样才能够融入普通人的生活;他平时应该多说本地话,主动和路过的人打招呼,可以和顾客适当开一些无关痛痒的玩笑,或者为了几毛钱相互讨价还价。只有主动与顾客打成一片，才能生意兴隆。

只要仔细进行分析，就会发现诸如菜市场或者集市上的销售者，并不习惯把话说得多么精致，简单直接就是他们的风格。他们非常善于融入普通人的生活，也懂得如何借助生活话题来拉近关系。口语化的、俚语式的表达，都是一种普遍的沟通方式。

如果是在高档的品牌专卖店当销售者，那么定位就有所不同。销售者要明确一点，自己不仅仅要为顾客提供优质的产品，还要提供良好的服务。要懂得衬托顾客的身份，因为正在接触的可能是一些非富即贵的人物，要么就是一些社会精英。这些人的生活品位比较高，思维更加开阔。与他们交谈的时候，必须注意自己的形象，把自己打造成一个高层次的服务者。按照这种定位，销售者应该注重说话的质量和层次。比如，平时要注意控制好语速和声音，不能太快，也不能嗓门太大。说话要自信而有底气，要懂得使用听起来更加优雅、更有内涵、更为正式的语汇，要懂得使用尊称，表现得更加专业一些。

很多知名品牌的销售者往往都是高学历人才，且经过专门的培训。这些人非常注重个人形象，对个人的言行举止有很高的要求。在面对顾客的时候，他们要表现出自己的高素养以及出色的表达能力。相比于技巧的展示，他们更加注重在谈话中彰显自身的魅力和内涵。

如果是在大卖场或者促销活动中推销产品，个人的定位又会不同。大卖场以及促销活动本身要注重人气，看重销售活动的氛围。因此，销售者不仅仅是一个提供产品的人，更应该是一个调动情绪的重要角色。在这种场合工作，销售者必须明确自己身上的责任与工作的侧重点，应该在工作中尽可能展示出自己的热情和主动性。比如，说话的声音可以大一些，可以适当说一些慷慨激昂的话语，积极调动大家的情绪。此外，表达的时候要直奔主题，不需要太多的铺垫，也不需要太复杂和详细的介绍；语言要简单且有力度，口号式的表达最合适。

很多促销现场的销售者往往会用一些夸张的肢体语言和高亢的声音来调动现场气氛。这一类销售者不需要进行太过专业的描述，也没有精心的准备，很多时候都是临场发挥。他们会与现场的围观者积极互动，这也是为什么促销活动的气氛比较活跃的原因。

如果销售者本身的工作就是与大客户谈判，每天都要走访大客户，那么就要将自己定位成一个职业谈判者。考虑到每天都要面对那些有所准备的客户，自己就必须表现得更加专业和谨慎一些。沟通时要懂得循序渐进，不要操之过急。说话声音不能太大，控制好说话的节奏。不要轻易说狠话，整体上要懂得克制。考虑到双方日后还要进行合作，即便是有了分歧或者说合作失败，也要保持良好的态度。说话要客气，要对对方的决定表示理解，同时更多地强调双方的共同利益与共同目标。

事实上，在一些公司级别的合作上，一方的销售者往往会扮演谈判者的角色。为了说服对方，他们需要做好充分的准备，需要详细描述产品的性能和特色，需要对自家产品与其他竞争对手的产品做一个详细的对比分析，需要花费更多的精力与客户进行全方位的交流。有时候甚至先从生活交流入手，以此为突破口，寻求更舒适、更融洽的对话。

如果只是在路边随机进行销售和宣传的人，就应该明确一点：自己只是一个随机的推销者，更多地扮演传递信息的角色，销售的速度是重点。因此在说话的时候应该适当求快，要直奔主题，讲述重点，确保自己可以在短时间内将事情说清楚，而不会浪费别人太多的时间，引起路人的反感。在这种销售模式中，对话往往是一次性的。很多时候，他们可以简单地重复相同的问题，可以复述相同的话，以便能够节省时间。而且当路人明确拒绝之后，不要死缠烂打，要迅速转移到下一个目标上。

比如很多销售者在路上遇到潜在的顾客时，喜欢递上自己的名片，然后介绍自己主要是做什么的，能够为他人提供什么样的服务。这样的销售者并不会花费太多的时间和精力来说服某一位顾客，而是想着接触更多的人，通过广撒网的方式进行布局，宣传自己的产品，拓展产品的知名度。

在不同的场合、不同的职业环境中，销售者扮演的角色是有差别的。因此，他们对自己的角色定位应该更加清晰和明确，并依据这种定位来强化自己的沟通和表达能力，确保自己可以更好地说服顾客。

第二章

销售过程中常见的沟通误区

避免过度热情地推销产品

在销售过程中,销售者经常会出现一些沟通上的错误,这些错误往往源于不合理的认知。由于对销售过程、销售方法、销售理念存在错误的理解,使得他们经常会说错话,导致顾客失去购买产品的兴趣。

其中最常见的一个错误就是:销售者认为自己需要表现得更加热情一些,只有不断地向顾客介绍自己的产品,顾客才有可能被打动。被誉为"中国式管理之父"的曾仕强曾经针对这种现象进行过批判,他发现很多人都觉得只要自己能说话就一定受欢迎。但实际上,那些喜欢说话且说话很多的人在生活中反而不受欢迎。最典型的就是销售者,当他们自以为热情地同顾客喋喋不休地谈论产品和服务时,顾客往往不堪其扰。

比如,有的顾客进店之后,可能想拥有一个私人空间,因此会不紧不慢地选择商品,并且非常享受挑选商品的过程。可是总有一些不识时务的销售者会紧跟其身,不断介绍产品的功能,不断对比不同产品的优劣情况。这直接导致顾客没有丝毫空间进行判断和选择,也无法享受到自主购物的乐趣。

这里涉及"社交阈值"的概念，简单来说就是社交必须有一个限度。比如，有的人喜欢说领导的好话，说一次两次、一句两句没什么，如果一天到晚都在夸领导，可能就会显得过于奉承，这就会引发领导的反感。很显然，员工突破了领导的社交阈值，导致领导产生了不适反应。又如，有的人经常会在节假日问候朋友，关心一下对方的生活，这样有助于双方感情的维系。可是如果这个人每天都要多次联系朋友、问候朋友，那么朋友的私生活就会受到严重的侵犯和干扰。这个时候朋友可能会迫切地想要保持安静，从而对他产生反感心理。

在销售活动中也是如此，销售者不能过度表现出自己的热情。通常顾客在进店之前已经有了一个大致的规划，往往对产品的类型、价位以及相关信息都有了一定的了解。他们可能会花一点时间逛商场或者浏览商品柜，看看能不能找到更合适的商品。在整个过程中，销售者不能干扰过度，不能触碰和突破顾客的社交阈值，以免顾客认为自己的选择权和主导权遭到了破坏，认为自己的私人空间受到了侵犯。

欧洲某化妆品品牌公司的一位负责人到自己的专卖店视察工作，进门之后，店员没有认出他，热情地同他打招呼，询问他购买什么东西。负责人指了指旁边的一瓶香水，店员就走上前，一口气为他推荐了8款不同类型的香水。负责人表示想要自己看看，结果店员全程跟在身后，一直在推荐店里的产品，还强调了一些优惠活动。负责人再次礼貌地告诉对方："好的，我想一个人先看看，有什么需要我会问你的。"可是店员还是走到哪儿跟到哪儿，介绍每一款看见的产品，这让这位负责人感到生气，他无法想象顾客在面对这样的销售者时会有什么反应。

回去之后，负责人召开了会议，要求对旗下所有的业务员进行培训，拒绝过度推销、过度沟通的销售方式。

事实上，在很多行业中都存在过度销售和过度服务的现象。销售者表现得太过热情，反而会让顾客感到不适应、不自在。首先，销售者的各种密集的语言攻势，会压缩和剥夺顾客自己选择和判断的空间。其次，太多的话往往意味着太多无意义的介绍，很容易使顾客产生反感。最后，对于顾客来说，他们对销售者的话往往持有一定的怀疑，销售者越是表现得殷勤，可能介绍中掺杂的水分越多。顾客会这样想：如果产品很好，为什么他们要一直重复介绍呢？要么是不够自信，要么就是产品有问题。这就是那些话多的销售者经常会让人感到怀疑的关键。

从效果来说，销售者说话太多、太热情，不仅不会产生太大的说服力，反而会成为阻碍销售工作的错误示范。一个聪明的销售者懂得适可而止，会将选择权交给顾客，会注意保留顾客的私人空间，而不是表现得太具有侵略性。当顾客进店后，销售者可以询问对方是否需要帮助，或者告诉对方有什么问题可以及时咨询，自己非常乐意效劳，然后让顾客自己挑选产品。即便要主动介绍产品，也只是简单进行描述，挑出重点内容。这样可以节省更多的时间，并给顾客留下一些消化信息的空间。

通常来说，过多地介绍产品的全部信息和细节信息，不仅浪费时间，而且很容易放大缺点，倒不如简单地介绍一些重要细节即可。此外，销售者要改变思维，意识到热情的确可以提升服务的质量，但过度热情却容易降低服务的质量。

一般来说，优秀的销售者都具备倾听能力。面对顾客时，能够保持认真倾听的姿态,倾听对方说些什么,有什么需求,喜欢购买什么类型的产品,有什么审美倾向。在他们看来,只有懂得倾听顾客的心声,才能够真正了解他们需要什么,并有针对性地提供指导和帮助,进而提高销售的效率。

不要试图用成本核算来讨价还价

在销售活动中，价格是一个不可回避的话题。对销售者来说，为了确保正常的运营和利润的最大化，往往会尽可能提价，以期获得更高的利润。可对于顾客来说，压低价格有助于降低自己的成本。这样一来，双方常常会讨价还价。在讨价还价的过程中，经常会发生这样一个现象：当顾客觉得产品的价格很贵时，销售者往往会当着顾客的面进行成本核算，为产品的定价找借口。

比如说："我们定的价格是这个样子的，你看看我们每个月的租金、广告宣传的费用、人工费、水电费，还有其他一些费用，林林总总加起来是一个很大的数目，如果价格很低的话，我们就无利可图了。"又或者说："我们的成本那么高，经营压力很大，价格肯定会高一点；我们也希望能够控制好成本，这样一来不就大家受益了吗？"

销售者强调成本核算，并以此为依据与顾客还价，觉得只要把成本摆出来，顾客就可以更直观地理解自己的报价。这看起来很有道理，但实际上，利用成本核算来提升价格的方式，并不是什么高明的做法，而且对顾客来说是一种伤害。

首先，顾客并不了解相关的成本核算细节，对于产品究竟要花多少成本并不清楚，对于销售者给出来的那些依据会有所怀疑。比如一件衣服要卖300元，销售者说自己的进价成本就是250元，剩下的还包括租金、人工费和基本的维护费用，自己已经是微利了。但顾客会相信250元的进价吗？至于其他的成本，大都是均摊的，具体到每一件产品上的成本几乎可以忽略不计了。销售者通过成本核算为价格找借口，这样的说法更像是一种阴谋论。

其次，当销售者动不动就说成本的问题，顾客可能会对销售者的行为产生反感，他们会认为销售者将成本直接转移到了自己身上。比如最常见的租金问题，当顾客与商家进行讨价还价的时候，商家如果强调"我一年的租金都要十好几万了，产品的价格不能再低了，要不然就得亏本"，潜台词就是"那些租金几万元的店家，产品会更加便宜"。或者是"这些高出来的租金，不可能完全让我自己承受"。听了这些话，顾客肯定会觉得对方只是让自己来帮忙分摊成本罢了。这种分摊转移成本的做法会让顾客感到失望，他们会认为这件产品本身并没有什么价值，不值那么多钱。

顾客往往有自己的思维逻辑，当销售者强调成本高推高价格后，顾客自然会认为自己花费更多的钱购物，只不过是替销售方承担成本和转移风险，是典型的"羊毛出在羊身上"，这一点是他们无法接受的。要知道，一家店面的产品比较贵，而且销量还不错，往往是因为相关的产品能够满足人们更高层次的需求，而不是因为支付了较高的房租，必须要卖出高价作补偿。

这就像iPone体验店一样，上海和北京的体验店，每年的租金肯定很高，比起一些小城市来说，肯定要高好几倍，但它们出售的 iPone 产品并没有比小城市的同样产品更贵。从销售的角度来说，虽然上海和北京的店面租金更高，但是人流量也更大。在这些大城市里，可能一天的产品销售量比小城市几个月的销量都要大，其总的收益还是明显高于小城市的。想象一下，如果上海和北京的 iPone 产品要卖出高几倍的价格，会是什么结果？可能这个品牌会很快从一线城市消失。

实际上，成本往往会影响价格。尤其是一些交易量不大的产品，更容易受到成本的影响。但销售者不能将成本核算用于谈判，以免引发顾客的不满。一个聪明的销售者，可以从产品的质量、产品的价值、产品的服务等多个方面来佐证自己卖高价的原因，而不是试图通过一堆成本核算的数字来说服顾客。比如他们可以这样告诉顾客："我们的产品比其他同类产品价格要高一些，但我们的质量也是最好的，毕竟一分钱一分货。"又或者说："我们的产品有三包服务、一年免费的维修服务，而且还支持上门退货，这些服务是其他厂家所没有的。"

销售者应该重点强调价值以及价值的吸引力，因为从经济学的角度来说，价值才是价格的基础，价格是价值的货币表现。一种产品卖得贵，应该是由价值来决定的。因此在讨价还价的时候，销售者应该重点宣传产品的价值，告诉顾客自己的产品在价值方面的优势。

如果把话题延伸得更广一些，销售者在与顾客讨价还价的时候，应该避开成本这个雷区，而采用其他的方式来说服顾客。比如适当设置一些降价的条件。销售者可以告知顾客：一件产品的价格贵一些，但是如果购买两件的话，就会有折扣和优惠。还有一种方法，就是办理会员卡积分的方式。销售者可以告诉顾客，只要办理一张会员卡，就可以享受一定的折扣。或者说：

"你这次无法享受到任何优惠，但是由于您在本店购买了产品，就拥有了一定的积分；随着积分的增加，您每次都可以获得一定程度的返利。"这种沟通模式的好处在于，不仅稳定了顾客的情绪，还为下一次的交易提供了便利。

此外，销售者也可以适当地转移矛盾，比如他们可以直接告诉对方，自己无法决定价格，需要向上级请示："我也想尽可能满足您的需求，但价格不是我能决定的，我需要向领导请示。"

或者直接表示这是行业规定的价格，其他店家也是同样的价格，这个价不是自己决定的，而且定价也遵循一定的规律，就像某些品牌的手机一样，价格几乎是一致的，而且线上线下的价格都没有差别。当大环境决定了价格时，销售者可以顺利转移压力，顾客也就失去了讨价还价的发力点。

总的来说，讨价还价是一项技术活，销售者必须跳出成本决定价格的思维逻辑，寻找到支撑价格谈判的其他高效方法，避免给自己挖坑。

不要否定顾客的眼光

众所周知，在销售活动中，顾客往往有自己的选择和想法。想要说服顾客购买产品，有时候需要想办法引导他们改变自己原先的想法，积极做出调整。那么，如何说服顾客呢？在这方面，很多销售者常常会犯一个错误，那就是当意识到自己和顾客之间存在明显的分歧时，迫不及待地否定顾客购买产品的眼光，希望通过这种否定来强化自己的合理性，以增强自己的说服力。

但这么做的效果是不是真的好呢？答案显然是否定的。否定性的沟通往往具有攻击性和伤害性，容易引发矛盾，不利于双方情感的联结和稳定。

比如，某位销售者卖力地向顾客推荐一款西服，可是顾客却认为自己不适合这种太过正式的着装，还是习惯运动风和休闲风，因此更加倾向于穿运动服饰和休闲服装。当销售者意识到难以说服顾客购买自己的西服时，直接说道："我觉得你不适合运动风，你的身材也不适合休闲风，到了你这样的年纪，就应该穿得正式一点。看看你的鞋子，其实就偏正式。"顾客听到对方对自己的穿衣打扮指指点点，心里很不是滋味，于是不再理会销售者的话，转身离开了商店。

这个销售者接着接待了第二个顾客，他仍旧打算向顾客推荐这款西服，可是顾客并不喜欢衣服的颜色和款式，坚持购买一件款式更古典一些的衣服。销售者于是忍不住吐槽："我看了一下你身上的衣服，样式好像有点老了吧？颜色和你的皮肤也不怎么搭配，你再看我店里的这件衣服，是不是精神多了，你穿起来一定会提升个人形象。"同第一个顾客一样，第二个顾客也生气地转身离开了。

为什么这个销售者会接二连三地得罪顾客呢？原因就在于他总是依据自己的标准来要求别人。当别人的想法和自己不同时，他动不动就直接否定顾客挑选产品的眼光，而这种充满否定的表达方式无疑会引起顾客的不满。在很多销售场景中，销售者都会犯类似的错误。当他们意识到对方不接受自己的建议，或者提出一些不合理的要求时，就会认定对方的审美眼光不行，并直接给予否定。其实，如果能够换一种沟通方式，也许情况就会有所改变，顾客的购买欲望也会更加强烈。

那么，究竟应该如何做，才能在分歧产生时有效说服对方呢？

首先，要建立正确的销售思想和态度，不要轻易否定顾客，或者直接指出对方的错误。美国心理学家阿弗斯特在他所著的《影响人类的行为》一书中提到过这样一个观点："当一个人说'不'时，他所有的人格尊严，都要求他坚持到底。也许事后他觉得自己的'不'说错了，然而，他必须考虑到宝贵的自尊！既然说出了口，他就得坚持下去。"为了保持前后一致，销售者可能会不断否定顾客，而这只会让双方之间的分歧越来越大。一个聪明的销售者会给予对方足够的尊重，连同对方的选择也给予尊重。即便他不认同顾客的想法，也不会直接说出来，更不会否定对方的选择。毕竟任何人都有自己的审美标准，任何人都有自己自由选择的权利。

每个人都有自己的生活经验，都有自己的亲朋好友，所有来自自身生活的积累和体验以及所有外界施加的影响，一同构成了人们的信仰、思维方式、心理定势以及世界观。个人的大脑会自动接受和接收那些确认自身观念和想法的信息，而过滤掉那些与自身想法不相符合的信息，这是人们避免认知失调的基本方式。不仅如此，人会在大脑中构建一个符合自身认知模式的样板，以此来解释自己的生活经历，而其余不同的认知模式则会成为一种障碍。但每个人看待世界的方式是不同的，每个人都在试图避免认知失调。这就要求人们必须承认和接纳那些不同思想的存在，不能要求别人一定要和自己同步，不能要求所有不同的思想和观念，必须屈服于自己的思想。

有意思的是，美国进化心理学家杰弗里·米勒在《超市里的原始人》一书中提到了一个很有趣的观点，他认为人们购买东西的最大动机就是为了展现自己的完美形象："人类在一个形象和地位至关重要的小型社会群体中进化，不仅为了生存，还为了吸引伴侣，给朋友留下深刻印象，以及抚养孩子。今天，我们用更多的商品和服务来装饰自己，以便在他人的大脑中留下深刻印象，而非享受拥有物质所带来的快乐——这一事实使得'唯物主义'成为大部分消费的深刻误导性术语。许多产品首先讲的是品牌，其次是购买对象。我们庞大的社交灵长类动物的大脑逐渐在追求一个中心的社会目标：在别人的眼中看起来很好。"

如果事实真如米勒所说的那样，那么人们对于产品的选择以及选择标准的制订，其实也是自我展示的一部分，销售者必须尊重这种展示。

其次，要注意改变自己的沟通策略。销售者没有必要急着去否定顾客，更不要去质疑顾客的选择。要让对方接受自己的观点，就要适当迎合对方，以退为进，然后寻求一个更有利的依据。卡耐基说过："你永远不会因为认错而引来麻烦，只有如此才能平息争论，引导对方也能同你一样公正、宽大，甚至也承认他或许错了。别与顾客、配偶或敌人发生冲突，别指责他们的错误，别惹他们动怒。如果非得与人发生对立，也得运用一点技巧。你在教人的时候，要若无其事一样。事情要不知不觉地提出来，好像被人遗忘。"

比如，顾客说某产品的款式太老了，销售者可以告诉对方这是经典款式，而经典的才能持久；假设顾客说价格太高了，销售者可以回应："是啊，这款产品比较畅销，而且货源严重不足，我也是等了好几个月才高价买到这款产品的。如果不是特别喜欢，我也不太建议顾客花那么多钱买它。"这样就扭转了不利局面，会让顾客觉得这是一款很受欢迎的好产品，激发出他们抢购的欲望。

此外，销售者可以找到双方都认同的事情来说。比如，双方既然在衣服的具体款式上有分歧，那就先不要争执应该选择什么款式，双方可以谈论一下彼此之间相似的审美观；又如，双方可能会在价格上有分歧，此时不要去质疑顾客只想着购买便宜货，而可以选择转移矛盾，谈论双方都关心的产品性能。也可以尽量多强调双方之间的共同目标和共同立场，强调双方为同一目标而努力，这种表达无疑会提高销售的成功率。

不要帮顾客做出购买决定

场景一：有位销售者向顾客推销店里的新衣服："在我看来，这件衣服最适合你，无论是款式、花样、面料还是颜色都非常搭配，听我的，就拿这件吧！我敢打赌，你从来没有尝试过这种风格，当你穿上它之后，整个人的形象会变得与众不同，大家都会为你欢呼。我卖了那么多年的衣服，眼光一直都很准的。老实说，这个款式的衣服已经不多了，你要是错过了就有点可惜了。"

场景二：某人打算给父亲买一双鞋子，销售者主动帮她选了一双鞋："听我的，你就买这双鞋，不会有事的，你父亲肯定喜欢这个款式。你放心好了，在这里买鞋子的人，基本上都是我推荐的。这么多年了，顾客喜欢什么、不喜欢什么，我还是知道的。我选的东西，你父亲肯定喜欢得不得了。"

场景三：有个人看中了两件化妆品，可是犹豫着要买哪一件。这个时候，销售者说道："要我说，这件化妆品虽然便宜一些，但是锁水的效果并不那么好，还是选那件贵的，质量好一些，而且贵不了多少钱，也就你家男人一包烟的钱。我就帮你选了，你绝对可以放心。"

场景四：有位顾客去买东西，结果到店后，发现这款产品已经售罄。此时，销售者说道："我这里还有一款其他产品，性能相似，我都已经帮你打包好了，你现在拿走吧。"

在日常生活中，常常会出现以上几种销售场景。这些场景往往存在一个共同点，那就是销售者为了说服顾客购买自己的产品，不仅直接为顾客提供选择，还试图帮助顾客做出购买的决定。在销售者看来，顾客需要接受自己的引导，而为了更快地出售自己的产品，他们还会迫不及待地帮顾客做出购买的决定。销售者可能会强调自己的经验、自己的眼光，可是当他们急于为顾客做决定的时候，销售的结果往往不尽如人意。

首先，大多数销售活动都是围绕着顾客来开展的。销售活动本身就是以顾客和市场为中心，一旦销售者强迫或者直接帮顾客做决定，毫无疑问就会破坏这种"以顾客为中心"的销售理念，使顾客在销售中的地位受到了挑战。这个时候，他们很有可能产生反感，认为销售者越界了。事实上，他们不希望自己被销售者牵着走，不希望整个消费行动受到销售者的支配。"我要买"和"要我买"是两个完全不同的概念，顾客希望获得引导和建议，但不喜欢让人为自己做决定。

其次，销售本身就是一次博弈。销售方会不断试图说服顾客购买产品，而顾客要做的就是不断指出产品的不足，谨慎地做出选择。他们在潜意识中是不太相信销售者对产品的描述的，至少不会全部相信，这就使得他们会本能地保持一些自我克制和自我防备的心态。就像买卖水果一样，销售者会告诉顾客自己的水果有多么新鲜，而顾客可能会强调价格贵了点，会质疑是不是使用了某些化学药品保鲜，还会猜测水果是不是被催熟的，以及这些水果好不好。当销售者替自己宣传得越多时，来自顾客的质疑可能也会越来越多。一旦销售者迫不及待地要帮他们做出决定，掺杂的主观因素太多，顾客更会产生"这个产品不好"的想法。

再次，销售者有自己的立场和想法，但并不代表他们的想法就是合理的、正确的。顾客有自己的消费需求，有自己的审美观和消费理念，且不同的人有不同的倾向。如果销售者忽略顾客的立场和审美观，认为自己的就是最好的，这本身就是错误的。优秀的销售者应该倾听顾客的声音，按照顾客的需求来卖东西，而不是按照个人的喜好和判断来推销。

最后，就像杰弗里·米勒所谈到的那样，人们购买商品是为了展示更完美的个人形象。他们购买自己喜欢的商品，购买自认为最合适的商品，以此来打造自己的完美形象。这个形象的设定是他们自己做主的，别人可以给出建议，但不能干涉他们，更不能替他们做决定。如果销售者帮忙做出购买决定，就意味着顾客之前有关自己的完美形象设定出现了偏差，或者自己丧失了设定自我形象的权利。而无论是上述哪一种情况，都会让他们感到失望和愤怒。

在销售过程中，销售者存在的意义，是帮助顾客在满足需求的同时做出最明智的选择，而不是替他们做出选择。一旦销售者打算替顾客做出是否购买的决定，就很有可能会引起顾客的反抗心理。因此，销售者应该明确自己的定位，做好自己的分内事，绝对不能"越俎代庖"。事实上，销售者扮演的角色是提供商品，并对顾客的购买行为加以引导。他们可以提醒顾客"有什么问题随时都可以问我"或者"有什么需要帮忙吗"。

此外，销售者要给予顾客更多的私人空间，不要着急进行干涉。为了实现自己的销售目的，销售者可以选择一些更巧妙的说法，不要直接说哪个产品不好或者哪个产品更好，而应该保持客观公正的态度，适当分析各款产品的特点，谈论产品的优势或者不足。比如顾客对 A 款产品感兴趣，而销售者更希望对方购买 B 款产品，这个时候，销售者可以这样说："A 款产品非常不错，您真有眼光，它的卖相一直都是最好的。当然，它也有一些不足之处，您看 B 款产品的成分是最全面的，而 A 款产品大约只有不到一半的成分，总而言之，大家各有千秋。"这种听起来比较客观的言论，实则有效引出了自己的目标——B 款产品，可以说是一种比较温和且实用的沟通方法，能够有效引导顾客的消费行为。

避免使用太多的专业术语

在销售工作中,保持必要的专业性很重要,这是赢得消费者信任的前提。毕竟只有这样,对方才会觉得这个销售者足够成熟,对自己的产品和相关的行业有足够的了解,一定可以提供更好的产品。但保持适度专业并不意味着在介绍产品时要运用大量的专业术语。很多人会认为销售者需要保持专业水平,需要向顾客说一些专业术语,以此来证明自己是一个专业的人,或者证明自己在相关领域内的权威。可是从沟通的角度来说,专业术语的出现往往会成为一个巨大的障碍。因为对多数购买产品的人来说,他们未必了解专业术语所传递的意思。当他们不了解专业术语究竟代表了什么时,对话就难以顺利展开。从某种意义上来说,过多的专业术语只会破坏沟通的顺畅性,导致销售者和顾客的距离越来越远。

美国的 IT 界传奇人物罗斯·佩罗有一次受邀去哈佛大学商学院参观,在和哈佛的教授以及学生交流之后,罗斯·佩罗难掩失望之情。虽然他承认哈佛在学术方面的研究水准,承认哈佛所具备的强大软实力和硬实力,但对哈佛过度追求学术以及学术化的表达风气感到失望。他认为一个好的学校应该承担知识传播的使命，这种传播不仅仅在于教育学生，还在于彼此之间的交流，以及向社会传播相关的文化，可哈佛过于严谨和学术化的交流模式，限制了信息的交流和传播。在后来给哈佛师生做演说时，罗斯·佩罗毫不留情地指出了哈佛大学存在的问题："你们的麻烦是，你们所说的环境扫描，我把它叫作'朝窗外看'。"

这种情况在销售工作中其实也存在。为了让自己看起来更加权威、更加专业，销售者很容易犯类似的错误，习惯性地用一些专业术语来包装自己的产品，以及包装自己的个人形象，对所要推销的产品的描述，总是喜欢加上一些专业术语，但顾客或客户对此可能并不清楚。

比如，咨询行业一直都是一个比较吃香的行业，但无论是咨询行业的巨无霸，还是一些小的咨询公司，都容易犯"专业性表达"的错误。那些职业咨询师的学历、能力毋庸置疑，但在做咨询的时候，他们往往会提出一些理论性很强的方法，会提出一些专业的术语。这些专业术语本身具有很强的指导意义，但问题在于顾客或客户可能并不了解咨询师说了什么。美国的"定位之父"杰克·特劳特和品牌命名专家史蒂夫·里夫金在创作《简单的力量》这本书时，就一针见血地指出："顾问是大量胡说八道的源头。"在他们看来，咨询行业的很多顾问和咨询师总是喜欢把事情弄得更加复杂，让客户不得不花费大量时间和精力来解码信息，了解他们究竟说了什么。

销售者必须明确一点：在与顾客对话的过程中，个人的表达很重要，但"顾客听懂了什么"更加重要。众所周知，每个人对于同一件事情的理解是不同的。销售者可能具备专业知识，但顾客未必会了解这些。假设一个卖手机的人在介绍自己的产品时，一直强调"字符信息""跑分""数字解调""EMC"

（电池兼容性）、CDMA（码分多址分组数据传输技术）等专业术语，可能除了一些手机发烧友和专业人士之外，很少有人听得懂。即便卖手机的人介绍得再详细，顾客对于产品的性能实际上仍旧不了解。如果卖手机的人能够使用通俗化的语言直接讲述手机的功能，情况会好很多。比如手机待机时间有多长、显示屏有多清晰、信号有多强、音质有多好等，这样顾客可能对产品的印象更深，对相关性能的理解也更好。

一个优秀的销售者应该使用最容易被理解的话语来打动顾客，这是追求简化的一种做法。专业术语大都偏于理性，是概念和总结，它可能看起来非常简短，但理解起来有难度，对非专业人士而言会是一个大麻烦。相比之下，对专业术语进行通俗化的解读，可以帮助顾客更快地理解相关信息。

这种通俗化解读具有几种常见的方法：

——对专业术语进行通俗化的解释

在理解专业术语的时候，为了确保相关的意思能够被顾客理解，销售者可以选择直接给出一个更通俗易懂的定义。比如很多销售者在出售产品时会强调质量保障："我们的产品经过 ISO9000 认证过的。"顾客可能对ISO9000 并不了解，自然也就不清楚产品的质量到底好不好。如果销售者告诉顾客"我们的产品都是按照国际上的质量标准来制作的，质量绝对值得信赖"，那么顾客就更容易对产品产生信任。

——将专业术语进行图像化处理

不少专业术语往往比较复杂抽象，常人难以理解。为了方便顾客了解专业术语背后的意思，可以将其处理为图像，简单来说就是增强画面感。乔布斯在介绍 iPod 播放器时，并没有强调它的内存有多大，毕竟有很多人对于内存并没有什么概念，因此他说的是："iPod 播放器，能把 1000 首歌装进你的口袋里。"结果很多人一下子就听得明明白白，对于这个新的播放器充满了期待，iPod 面世后果然大卖。

——替换可以替换的专业术语

有些专业术语解释起来比较麻烦，直接说又显得生硬和抽象，不如用一些更容易理解的词汇来替代，以降低理解上的难度，同时也能避免顾客产生迷惑和质疑。比如一家药商准备推出自己的护脑新药，于是就大力进行宣传。可是直接说新药能够有效预防脑卒中的话，很多人都不明白，想要解释"脑卒中"又比较麻烦，于是干脆选择"中风"这种说法。这样一来，很多人都对药的性能有了更清晰的认知。

需要注意的是，对产品特性的描述，有时候离不开专业术语，但要能少用就尽量少用，能够对专业术语进行解释就尽量进行解释。降低信息交流的难度，保证沟通的顺畅，这是最重要的。

避免对顾客进行情绪勒索

美国心理学家苏珊·佛沃在《情绪勒索》一书中提出了"情绪勒索"的概念。所谓情绪勒索,主要是指人们在遇到一些挫折时,一旦无法摆脱负面情绪,或者找不到发泄口时,往往会选择威胁和逼迫他人顺从自己的意愿行事。在进行情绪勒索的时候,人们可能会以双方之间的良好关系、合作关系或对方的处境作为威胁,情绪化地扭曲和放大对方身上的不当行为,并利用情感维系来约束对方的行为,迫使对方产生强烈的罪恶感,从而达到控制对方的目的。

在销售活动中,情绪勒索是一种比较常见的现象,很多销售者就经常对顾客使用这种不合理的方式。

情绪勒索通常存在三个方面的内容,包括恐惧、义务以及罪恶感。恐惧主要是指销售者对顾客和消费者施加的一种外在威胁和压力,销售者会不断告诫或者暗示顾客一旦没有配合就会怎么样,这使得顾客因为担心遭到惩罚而决定照着销售者的话采取行动。当顾客产生恐惧心理之后,销售者就会站在道德制高点上继续输出，将自己的商业利益强行与顾客的购买义务捆绑在一起，以使顾客失去更多的自主性。这个时候，顾客会产生负罪感和内疚感，会意识到正是自己的不配合行为伤害了彼此之间的关系或者伤害了其他人。

比如，两家公司的负责人商谈买卖，卖方公司热情地向买方的客户推销一款产品。客户觉得价格比较贵，刚想讨价还价，卖方直接说道："这款产品，我是专门为你留着的，你看看，要是别人，我才不会给他打折。老实说，你给出的价格这么低，以后咱们还怎么合作呀！再说了，有人前两天出了更高的价格，我看在咱俩的关系上，直接给拒绝了。"在这里，卖方为了说服客户，直接拿折扣与合作的事情威胁客户，而且还有意谈到了自己为对方放弃更高的报价，这无疑会让对方产生"一旦我拒绝，就会对不起对方，并毁掉合作关系"的念头，从而放弃继续讨价还价。

又如很多父母带孩子去购物的时候，销售者往往会这样告诉他们："先生，买一个新款玩具吧，它现在非常流行，小朋友们都在玩，你家孩子一定也希望拥有一个这样的玩具。要不然，大家都在玩，就他没有，可能就会被大家孤立和排斥，小孩子的自尊心也会受到伤害的，你说是不是？"在这里，销售者说的话就是典型的情绪勒索。父母原本拥有自主购物的权力，可是当销售者将孩子的自尊心和父母的责任感捆绑在一起的时候，父母就被逼着购物，否则就会被认为是伤害孩子的自尊心。

再如，一对母女去商场里买衣服，女儿打算给母亲挑选一件外套，结果在挑选衣服时，销售者直接取来一件价格昂贵的外套，让两个人参考。母亲一看衣服的价格，觉得有些贵，于是就摆摆手说不要这件衣服。这个时候，销售者笑着说："没事的，老太太，今天是母亲节，您觉得开心才最重要，相信无论您想要什么东西，女儿都会帮您买回来的。"这句话也是比较明显的情绪勒索。销售者有意借助母亲节这个特殊的节日对顾客施压，暗示对方有义务帮母亲买更好更贵的衣服。一旦顾客拒绝，就意味着破坏节日气氛，对母亲不孝顺，这等于是让顾客背负沉重的道德亏欠感。

在很多销售场合，销售者都容易犯这种低级错误。在他们看来，情绪勒索可以简单有效地让对方按照自己设计好的路线去走。但从长远来看，顾客会因为受到胁迫而从此对销售者及其品牌产生不信任感，最终反而会导致销路越来越窄。

销售者需要转变思维。在顾客心中，彼此之间的关系并没有想象中的那么重要，而销售者对于这种关系的需求度实际上会更高一些，那种暗示对方"不按自己说的去做就要面临怎样的结果"的话最好不要说出口。

总而言之，销售者应该积极迎合顾客的情感，而不要试图去主导和绑架顾客的情感，更不要以此来约束对方。当顾客感受到胁迫和欺骗之后，对于彼此的关系可能将会是毁灭性的。

拒绝自说自话，要保持倾听的姿态

在谈到销售的时候，许多销售者常常会陷入一个误区。他们会认为销售工作就是将产品卖给顾客或者客户，认为在销售过程中销售者应该把握主动权，负责说给顾客听。其实，从销售结果来看，大多数销售者之所以失败，往往是因为自己说得太多而听得太少。一个出色的销售者，不仅要能说会道，还要善于倾听，而且倾听是他们表达的前提。

那么，为什么说销售者要懂得倾听呢？

销售者在市场上扮演着供货的角色，但多数时候这种角色受到环境的影响要比顾客大很多。竞争对手的增加、行业的变革、顾客的选择，都会影响他们发挥作用。销售者是为顾客服务的，整个市场多数时候也是围绕着顾客的需求来运转的，顾客在市场上所占据的主动权实际上要大得多。

举一个简单的例子：销售者自认为推销了一款非常可靠的好产品，自认为手中的产品比市场同类产品更具优势，但顾客就是不买账，哪怕销售者磨破了嘴皮，顾客也不会多看一眼这款产品。为什么很多好的产品反而卖不出去呢？原因就在于，生产者和销售者所认为的好产品并不见得就符合多数消费者的现实需求。这个问题不仅出现在一些普通销售者身上，也会出现在一些大企业身上。像IBM和谷歌公司，都曾出售过非常好的产品，而且也一直在卖力做宣传，可是有些注入大量资金和技术研发出来的产品，却在市场上没有获得足够的认同，很大一部分原因，就是这些销售方并没有认真了解顾客需要的是什么，也不知道顾客心里想的是什么。他们有技术，也有强大的销售能力和宣传能力，但由于忽略了对顾客真实需求的挖掘，反而做了无用功。

这并不是一个"我有什么就卖给你什么"的时代，而是"你需要什么，我就想办法卖给你什么"的时代。从某种意义上来说，想要做好销售工作，就一定要善于表达，而善于表达有一个前提就是善于倾听。只有倾听顾客说了什么，了解他们内心的真实想法，才能够制定更合理的对话机制，才能进行更合理的宣传。

销售者需要弄清楚顾客喜欢什么类型、什么价位的产品，才能更好地提供相应的指导；需要弄清楚顾客有什么兴趣爱好，才能更好地与对方建立联系，拉近关系；需要弄清楚顾客的生活条件，才能了解他们的消费层次。这些都需要通过对话来实现，所以销售者应该保持倾听的姿态，引导顾客说出更多有价值的信息。还有一点很重要，倾听是一种非常谦卑的表现，会让顾客觉得自己才是对话的中心，觉得自己受到了尊重和重视，而这是消除防备心的重要方法。

在某电器商城内，很多销售者每天都在喋喋不休地向每一个光顾的客人介绍产品的性能。但很多时候，说了大半天，也只能卖出去一两部电子产品。相比之下，有个经验丰富的老销售者，总是不慌不忙地同顾客闲聊，每天都要花费几小时的时间倾听顾客谈话。顾客会谈论他们的家庭，谈论他们的消费经历，谈论他们的工作。老销售者认真听着，分析每一个顾客的生活习惯和消费理念，然后有针对性地推销合适的产品。他经常会这样说："听了你刚才的话，我觉得你可能适合这款产品。当然，你可以先试一试，看看适不适合。"而这样的建议往往会被顾客采纳，因此他店里的电子产品是整个商城里卖得最好的。

对于销售者来说，倾听会带来更多有价值的信息，让销售者在销售过程中把握更多的主动权。严格来说，倾听是销售者必须掌握的一项技能。不过想要学会倾听，还需要了解倾听的一些基本形式。

一般来说，倾听可以分为四个层次：

第一层次是将他人的话当成耳旁风来听。倾听者不够专注，经常忽略一些重要内容，也不在乎对方谈话的价值，只是象征性地保持倾听姿态，给予对方形式上的一点支持，而没有进行有效的互动。

很多销售者只想着如何介绍和推销自己的产品，完全没有认真倾听顾客的表达，这种只看重产品是否售出的行为无疑会影响顾客的情绪以及消费的欲望。如果顾客的购买意愿原本就不够强烈，那么这种糟糕的倾听姿态必定会使得他们错过很多重要的信息，从而有可能导致顾客放弃消费。

第二层次是有选择地倾听。所谓"有选择地倾听"是指销售一方并不打算专注地倾听顾客的话。在他们看来，顾客的表达没有太大的意义，因此只愿意关注和产品消费有关的信息。在这种情况下，他们在倾听的时候可能会出现比较明显的态度变化，而且经常会选择性地打断对方的谈话。这种倾听的状态并不能真正让顾客感到满意，使双方的沟通常常处于一种不稳定的状态。

第三层次是全神贯注地倾听。这一类倾听者比较专注，他们会细心记住一些比较有价值的信息，然后有针对性地进行思考，甚至直接记录下来。他们一般会对顾客表现出足够的尊重，会展示自己的一个基本沟通态度，而且不会主动停止倾听。这一层次的销售者往往不急于推销自己的产品，而是选择以退为进，将话语权交到顾客身上，以此来获得信息以及信任。

第四层次是设身处地地倾听。这一类销售者在沟通的过程中非常投入，不仅全身心沉浸在对方的表达中，进入忘我的境界，还会与对方产生情感共鸣。他们会主动进行思考和分析，然后针对顾客的谈话提出一些有价值的问题，引导双方展开深入交流与深度互动，进行换位思考，相互探讨和完善话题的论点。不仅如此，设身处地的倾听模式会推动双方精神层面上的交流，确保双方建立更亲密的关系。

销售者应该努力提升自己的倾听层次，设身处地地倾听顾客谈话，在谈话中挖掘更多的信息，并懂得提出高效的问题，或者建立深入的联结。比如销售者可以这样说："您刚才谈到的那件事真有趣，您可以具体说一说是怎么回事吗？""您谈到了一个很好的问题，关于这个问题，我希望能够和你好好交流一下。""现在我能够理解你的做法，如果换作是我，可能真的做不到。"通过这样一些迎合性的表达，销售者不但能够引导顾客说出更多有价值的内容，还能强化彼此之间的关系。

第三章

成功的销售首先在于赢得顾客的信任

把自己定位成分享者

顾客往往会产生这样的印象：认为销售者肯定会倾向于为自家的产品做宣传，抬高自家产品的优势，甚至不惜抹黑竞争对手。正因为如此，顾客对于销售者的话常常半信半疑，对于销售者也怀有一定的防备心，这种质疑与防备往往会成为销售者推动销售计划的重要阻力。想要消除这种阻力，销售者就必须设法让顾客意识到自己并没有刻意伪装和修饰，设法尽可能消除对方的顾虑。同时，销售者应适当改变销售策略，不急于变成产品的提供者，而是先扮演好一个分享者的角色，以此来换取对方的信任。

所谓的分享角色，其实就是指销售者淡化或者隐藏自己的销售者角色，从积极向顾客销售产品的角色，转化成为顾客提供各种消费信息解读的角色。在帮忙解读的过程中，销售者可以以一种中立的态度来分享自己所知道的相关信息。顾客对产品是否认同并不在自己的职责范围之内，顾客是不是按照自己的建议采取行动也不是自己有权要求的事情。总的来说，分享角色更像是一个消费过程中的指导者和辅助者。

最常见的是知识分享。这里的知识主要包括产品购买、产品选择和产品使用的一些基本知识。比如告诉顾客如何去分辨产品的好坏和真假、如何正确地使用相关产品，或者告诉顾客如何去保养产品。在通常情况下，销售者可以以专业人士的姿态进行分析，重点讲述产品的一些特点，为顾客提供一些操作的方法，成为顾客购物的指南。

建立在知识分享基础上的产品分享，也是一种比较常见的分享方式。销售者可以先说一说市场上的一些产品，讲述不同产品之间的特点，然后针对不同的功能和价值需求，推荐相应的产品。在这里，销售者千万不要动不动就说"我们的产品非常好，比其他品牌的产品更好"，而应该尽量让对方觉得你只是客观地描述和展示产品，并不负有评价的职责。因此更聪明的做法是，将自己的产品和其他竞争对手的产品都介绍一遍，然后把选择权交给对方。比如，在推销自己的化妆品时，销售者可以这样说："我们的产品偏向于补水保湿，他们的产品可能倾向于美白，只能说功能不一样，具体要看你有什么需求。"

在产品分享中，将不同产品进行功能划分，然后让对方做选择，这也是一种非常聪明的表达方式。不过要注意的是，分享产品可以有一些倾向性（毕竟要以推销自家产品为主），这种倾向性可以结合顾客的需求。还是以化妆品销售为例，如果销售者发现顾客的脸部皮肤比较干燥，或者对方强调自己已经有一款美白化妆品了，这个时候强调自家产品的补水保湿功效就会更有效地引起对方的关注。

还有一种就是所谓的经验分享。经验分享的范围比较广，一般可以分为分享自己的经验和分享他人的经验。在分享自己的经验时，销售者只需要说出自己使用产品或者购买和挑选产品的心得即可。比如销售者可以说："我这里有一款产品还不错，我自己用了几次，效果还是可以的。当然，具体来说还是要看个人的体验。如果感兴趣的话，我可以提供一些帮助。"或者也可以说："过去两个月，很多人都来店里点名要这款产品，就目前来看，这款产品还是卖得最火爆的。"

如果是以旁观者的身份来分享其他人的经验，则需要侧重描述其他人的心理状态，要强调他们使用产品后的变化以及对产品的看法。比如销售者可以这样说："我问过几个顾客，他们在使用这款产品后，都说效果很好，还发在朋友圈分享。但具体的效果，我也不是很清楚。"

有趣的是，无论是什么类型的分享，看起来和所销售的产品都没有直接的关联，但实际上作用很大。首先，即便销售者选择以一种中立、客观的姿态进行分享，也难免会介绍自己产品的特色，这是一次看起来无意识的营销，实则有助于顾客记住这个产品；其次，由于销售者的坦诚分享与传授，顾客反而更容易产生信任感。因为他们会觉得销售者并不是一个只关注产品是否卖得出去、是否能够赚钱的人，而是一个热心的分享者，是一个懂得站在消费者的立场来考虑的好人，而这样的人，是值得信任的，其产品也值得信任。

很多大商场往往会安排一个导购。这个导购通常并不指定销售某一款产品，而是负责为顾客提供指导，顾客有什么不明白的就可以询问导购。导购在扮演这个角色的时候，往往不会向顾客直接推销某款产品，而是帮助顾客分析不同品牌产品的优劣，指导顾客应该如何挑选，并且告诉顾客一些基本的使用方法。而在设置导购之后，商场的销售量和营业额明显得到了提升，原因就在于导购的分享和分析有助于顾客对商场建立起更大的信任。

对于销售者来说，扮演好分享者的角色在很多时候有助于刺激顾客的购买欲望。不过，在分享信息的时候，还是应该注意一些细节：

销售方的分享并不意味着将商品的信息完全告诉顾客，考虑到买方和卖方之间存在的博弈关系，销售者有义务也有必要去维护自己的信息优势，因此适当有所保留是必要的，不应将所有高价值的信息都透露出去，以免使产品丧失更多的优势。

此外，分享者对顾客必须保持一视同仁的态度，不能进行差别对待，更不能按照顾客的层次进行区别对待。那样做只会影响销售者的声誉，破坏整个产品、品牌以及个人的形象。

懂得主动赞美自己的客户

1921年，美国钢铁大王卡内基拿出100万美元的超高年薪聘请一位执行长，很多有能力的人都前来应聘这个职位。可是卡内基在众多出色的应聘者中，选择了一个名叫夏布的年轻人。此前大家都没有听说过这个人，大家感到非常疑惑，就连公司内部的人也都质疑卡内基的决定。他们认为卡内基安排这样一个没有什么威望的年轻人担任要职，实在不合适，他会将工作搞砸，客户也无法认同这样一个新人。

面对亲朋好友以及下属的质疑，卡内基却表现得很坚决，他直接给出了自己的理由："因为他最会赞美别人，这是他最值钱的本事，却是你们最缺乏的一种能力。"很显然，按照卡内基的说法，一个善于赞美别人的人，一定可以赢得大家的认同，也可以更好地与客户建立合作关系。

在销售时代，人们通常会关注一些销售技能，会关注一些专业知识，却很容易忽略一些最基本的社交礼仪和方法。人们很容易停留在"我只要为顾客提供合适的产品和服务就行"的理念上，却忽略了一点：销售首先是一种社交，而社交就需要给予对方足够的尊重，让对方处于一种舒适的状态。

赞美恰恰起到了这样一种作用。从心理学的角度来分析，每个人都渴望获得他人的认同和赞美，每个人都希望自己身上的优点被人发现和认同，这是人们建立自信并愿意与他人建立联结的重要保障。对任何人而言，赞美都是一件强效的武器，只要运用得当，就可以带来很大的功效，在销售工作中更是如此，因为多数时候，人们面对的顾客是一群陌生人，且还掌握着主动权。为了选到最合适的产品，这群陌生的顾客会想方设法给产品挑刺，从而使得销售工作经常面临一些额外的压力。

事实上，销售者并不总是需要告诉顾客"我的产品和服务是最好的"。说服顾客完全认同自己的产品并不容易，重要的是必须学会说服他们接受自己，让对方坚信自己是值得信任的。只要建立起更好的社交关系，双方之间的交易往往也水到渠成。在这一方面，赞美的能量往往超出想象。

美国著名的图书推销高手比恩·崔西是一位营销高手，他总是可以顺利地将自己的书推销出去。在一次图书销售活动中，他非常自信地对围观者说道："我能让任何人买我的图书。"有个女士对他的话表示怀疑，她说："我知道你们这些推销员很会奉承人，专挑好听的说，不过，我不会听你的鬼话的。你还是节省点时间吧。"

比恩·崔西并不生气，而是故作惊讶地说："你瞧，我平时说一些好听的话给那些顾客听，他们总是轻易就被我说动，不得不说，像您这样理性而冷静的客户并不多见。"听到有人这样称赞自己，女士的态度有了一点好转，便主动和崔西聊起来。崔西认真倾听，然后对女士说道："您的形象给了您很高贵的个性，您的语言反映了您有敏锐的头脑，而您的冷静又衬出了您的气质……"

这些话一说出口，女士忍不住开怀大笑，脸上乐开了花，非常爽快地买了一大堆书回家。不仅如此，她还说服自己的朋友也来崔西这里买书。

销售活动在很多时候并不是单纯的产品推销，更多的是一种人际互动。如果可以在互动中建立起良性的社交关系，可以加强信任，那么整个销售活动无疑会变得更加轻松。对顾客进行赞美是一种非常高效的社交行为，也是销售活动的重要助力。那么，如何才能更好地赞美顾客呢？

这里有一些技巧和套路，销售者可以按照既定的框架进行操作，确保整个谈话更加顺畅。

比如，当顾客对产品感兴趣的时候，要称赞对方挑选产品的眼光。销售者可以说："这是我们店里最好的产品之一，您的眼光真好。"或者说："您真有品位，这件产品的确非常好。"又或者可以说："不得不说，这件产品和您真的非常搭。"

当顾客反对销售者的建议，或者对产品不感兴趣时，销售者应该懂得称赞顾客的独立性。销售者可以说："看得出，您在这方面很有经验。"也可以这样夸赞："看得出来，您是一个很有主见的人。"当顾客提出自己的想法，销售者同样可以主动称赞对方"是一个很有想法的人"，或者赞美对方"经验丰富"。

实在没话说，可以针对顾客的外在形象进行称赞，比如"您的穿着搭配真好看""您的声音非常好听""看得出来，您是一位言行举止非常得体的绅士""一看您就是一位高学历人才""先生看起来很有气质"。

赞美的点可以有很多，赞美的方式也可以丰富多样。不过无论怎样进行赞美，都必须遵循一些基本的原则：

——态度必须保持真诚

赞美并不是一种表面功夫，销售者不仅要把话说得很漂亮、很舒服，还要让人感觉到很真诚。因此，赞美者必须做到心口如一，必须说出自己内心真实的想法。比如赞美对方的时候，眼睛要看向对方，眼神要坚定，避免使用一些浮夸的表情和动作。

——言之有物，言之有理

赞美一个人往往需要指出对方身上可赞美的闪光点，类似"你很出色""你很棒"之类的称赞往往会显得有些空洞和乏味，让人觉得只是在应付了事。销售者想要真正用赞美来打动顾客，就需要针对对方具体的能力和表现进行赞美，比如说："你穿的衣服真好看，颜色搭配和整体的设计都很合理。""你的发型是谁设计的？真漂亮，整张脸也变得更加立体了。""你刚才和我说的那些话，真的太有道理了，有一点哲学的味道。"总而言之，销售者必须针对顾客所表现出来的优势和特点进行夸赞。

——准确把握时机

对于顾客而言，他们渴望听到赞美，但只有在最合适的时机进行赞美，它才能发挥出更好的社交功效。比如当顾客一进门就夸赞他们的衣服真好看，或者赞美对方会搭配服装，肯定要比顾客离开商店时再夸赞效果更好。而当顾客在挑选衣服时，赞美他们的审美眼光，则要比一见面就夸赞对方要好。销售者需要在合适的时机推动对方购买产品，确保能够掌控好销售的节奏。

对于销售者来说，应该养成赞美他人的习惯。只要注意一些细节问题和态度问题，就可以在销售中更受顾客的欢迎，销售的效率也会逐步提高。

多聊一聊彼此之间的共同点

一家体育用品商店准备招一位店员,老板看中了一位具有三十多年销售经验的销售者,打算高薪聘请对方,可是老板的妻子很快否认了这个招聘计划,她打算让一位只有20岁的年轻人试一试。老板有些困惑,觉得年轻人的资历太低,生活经验也缺乏,恐怕不能胜任这份工作,但妻子坚持认为应该让年轻人去试一试。

不久之后,年轻人获得了这份工作,而他的确做得很出色,在短短的两个月之内,就将销售量提升了5倍。老板对此感到困惑,不清楚这年轻人究竟有什么魅力。最后,妻子说出了他相中这位年轻人的依据,那就是这位年轻人热爱体育运动,平时就喜欢在网络平台上与人分享自己的健身心得和参加体育运动的经历。由于购买体育用品的主力军正是年轻人,因此在销售工作中,这个年轻人经常会和顾客讨论一些共同的体育话题。大家的共同语言比较多,这就很容易拉近彼此之间的关系,产品的销量自然也就会快速增加。

在销售中,销售者想要更好地与对方建立联结,除了利用产品和服务上的吸引力之外,还需要寻找一些更具吸引力的话题来提升彼此之间的关系。

而什么样的话题更能够拉近双方的关系呢？

从心理学的角度来分析，人们大多倾向于和同类交往，倾向于和那些与自己有共同点的人交流。一般情况下，两个人之间的相似度越高、共同点越多，双方的关系就越亲密。反过来说，两个人之间的相同点越少，就显得越疏离、越陌生，彼此之间就越是难以建立社交联结。对于任何人来说，想要赢得别人的信任或者认同，就要懂得把握彼此之间的共同点。

人与人之间的共同点往往有很多，相同的兴趣爱好、相似的饮食和穿搭风格、共同的工作目标、相近的性格和习惯、相似的生活经历和学习经历，这些都是非常好的沟通话题。不过，想要找到共同点，就需要在交流中慢慢寻找信息。比如，可以通过对方说话的口音来判断他是哪里人，也可以直接询问对方是哪里人，看看是不是老乡，有没有共同的生活经历，双方的生活习惯和风俗有没有相似点。也可以在交谈中，询问对方做什么工作，需不需要加班，有没有五险一金，需不需要经常出差，工作的时间安排如何，工作强度大不大，和领导、同事之间的关系怎么样，平时是如何解决工作中的困难的，有没有什么有趣的职场故事，找一找双方在工作中的一些相似和相同之处。

或者在一起闲聊，谈论各自的业余生活，谈论彼此的兴趣爱好，比如，是不是喜欢玩手机游戏、是不是经常参加体育运动、是不是经常和朋友一起看电影。除了兴趣爱好之外，也可以聊一聊诸如美食、旅行、孩子、健康以及其他一些生活话题，找出双方都比较关注的点。

销售者不要着急推销自己的产品和服务，应先倾听对方对产品的一些看法，然后找到对方的一些审美观点和基本的消费需求、消费理念，最后结合自己的消费情况，与对方相比，找出彼此之间的共同之处。诸如喜不喜欢逛街、是不是经常购买奢侈品、平时喜欢什么类型的产品、对产品的基本要求是什么。事实上，只要善于交流，总是能够找到一些相同点的。

有时候，销售者与顾客之间存在一些分歧，但在交流和对话的时候，可以避过那些不同和分歧，重点谈论那些相似或者相同的地方，通过对共同点的把握来缓和矛盾。

比如，有个供应商准备给自己的客户供货，可是双方在价格上一直没能谈拢。客户认为自己常年在供应商这里拿货，价格应该越来越便宜才对。可是对于供应商而言，由于国际市场的原材料不断涨价，自己也被迫调整价格。由于双方的预期价格相差较大，一直没有谈拢，谁也不肯多让步。

在双方进行第二次谈判之前，供应商找到了客户，双方在一起吃了一顿饭。席间，供应商主动谈论起一件事："你和我有一点非常相似，我们都喜欢刚果的铜矿，那里的铜矿含量很高，炼出来的铜质量上乘。"客户也笑着说："是啊，我也一直在强调铜矿的质量，这也是我愿意同你合作的原因。利用非洲铜矿加工出来的产品，质量一直最有保障，你们的产品我还是非常信赖的。"

紧接着，供应商聊起了非洲铜矿的产量问题，并以此为引子，聊到了刚果地区的内战，以及最近国际市场的波动。客户也表示认同，之后他也很快意识到铜矿涨价的问题，并对供应商的涨价行为表示理解。这次见面之后，客户直接签订了合同，同意供应商提出的报价。

一般来说，想要找到共同点，就需要全方位搜集顾客的信息，想办法建立一个客户或者顾客的档案。档案中存放着每一个顾客的个人信息，并不断更新和完善，确保可以及时做出调整。当个人档案建立之后，销售者就可以精准地找到那些共同的话题，并寻求与顾客的完美对话。

懂得借助闲聊来拉近关系

对于销售者而言，和顾客聊天，不仅可以了解更多自己所需的重要信息，还可以有效联络感情。但如何找到合适的聊天内容，往往是销售者需要解决的一个问题。毕竟想要让顾客信任自己，并购买自己的商品，不能无的放矢。尤其是在面对一些陌生的顾客时，销售者可能无法在第一时间准确获取对方的相关信息。这个时候，聊天能力的重要性就凸显出来了。

那么，如果一个销售者不知道对方的兴趣爱好，不了解对方的消费习惯，也不知道对方所处的社会层次，不妨选择"形散而神不散"的闲聊。通过闲聊获取自己想要的信息，并借此拉近彼此之间的关系。不过，很多销售者不知道应该从哪些话题切入，毕竟，盲目和对方搭话，有时候会显得有些突兀。

《联合日报》的经理肯特·库珀曾经说过这样一段名言："有一个要点，编辑们应当铭记于心，那就是：人只对自己有兴趣。还有一个衍生要点就是：人只对与自己相关的人或事感兴趣。你从来都不会注意那些登在报纸头版或二版上的关于欧洲的重要新闻，你只会急于了解你应该缴的所得税是否有了新规定；是否修建了一条新公路，使你每天晚上可以在不太拥挤的人群中走回家去；你所住的那条街地价涨了没有；是否有你认识的人死去了；在你昨晚参加的重大宴会上是否有神秘嘉宾；这条消息是否提及了你。"

所以在闲聊的时候，必须把握一些对方关心的话题，必须选择一些和对方息息相关的话题。关于闲聊，作家基思·法拉奇在《别独自用餐》中，就谈到了闲聊的素材，他提供了三个基本的要素：健康、财富和孩子。

很显然，健康是任何人都会关注和在乎的，因此很容易成为一个共同话题。和陌生人或者客户谈论健康，往往可以有效建立联结，并拉近彼此之间的距离。一般来说，可以谈论健身项目，讨论健康饮食和个人的户外运动和新兴的医疗科技，或者分享一些养生心得。销售者可以将自己了解的一些有价值的健康信息，或者一些健康领域的热点信息分享给顾客，构建一个更具黏性的话题。

相比于健康，人们对于财富的重视可能更加明显。作为维持生活以及证明自身价值的基本要素，可以说日常的柴米油盐酱醋茶都离不开个人财富的支撑，而且个人的事业和发展往往也是围绕着财富展开的。对于任何人来说，财富方面的事情永远都具有话题性。财富方面的话题，显然是一个比较好的社交突破点。在谈论财富话题的时候，可以说各自的工作，谈论投资和理财，分享彼此之间积累财富和管理财富的一些方法。

至于孩子，更是一个通用的社交话题。只要成家或者有了孩子，人们在生活中总可以找到一大堆与之相关的话题。大部分人都会重视孩子的健康成长，关心孩子的方方面面，在孩子身上投入大量的时间、精力、财富以及感情。从某种意义上来说，孩子不仅仅是维系夫妻感情、维系家庭和睦的纽带，也是联结和维系社交关系的一个节点。在销售中，销售者完全可以从孩子入手，寻找相应的话题，进而更好地引起双方的情感共鸣。

孩子的话题相对比较容易拓展，像家庭教育、身体健康、学习成绩、心理健康、品德教育、成长环境、兴趣爱好、日常作息等内容，都可以用作沟通的素材，帮助双方建立有效的社交联结。在谈论孩子的时候，销售者可以选择赞美顾客的孩子，可以分享自己的育儿经验，也可以向对方请教教育孩子的方法，以及为孩子制作美食的食谱。通过孩子，双方往往可以形成很好的情感共鸣，从而拉近彼此之间的关系。

在谈论这些话题的时候，可以选择一些合适的场景进行沟通，也可以结合自己所处的环境或者遇到的事情进行沟通，将沟通内容关联到相关的话题上。比如遇到顾客刚好带着孩子，就可以以孩子作为话题来聊天，询问孩子几岁了、在哪里上学，夸赞孩子懂事，然后借机谈及家庭教育的问题。或者夸赞孩子的穿着打扮，再引申到审美和消费理念的问题上。又如可以从天气谈到个人的健康保护，再引申出个人的健康生活理念等内容。

有着"销售之神"美称的乔·吉拉德就非常善于聊天，在路上遇到陌生人时，他总有办法和对方说上话，甚至要到对方的联系方式。他之所以会有这种强大的联结能力，一方面在于：他拥有出色的观察能力，总是可以从一些细枝末节上找到对方的相关信息，比如从对方的穿着打扮分析出对方的社会地位和生活状况，从对方的谈吐中了解到对方的需求；另一方面在于：他总是可以找到最合适的话题来建立联结，即便是面对那些从未相识的人，他也能够迅速找到突破口，而这些突破口大都是一些日常的闲聊。乔·吉拉德知道大众对炒股、创业、孩子的教育、健康饮食感兴趣，所以他最经常谈论这些话题。

无独有偶，很多销售公司为了提升员工的销售能力，会对员工进行培训，借以提升他们闲聊的能力与技巧。在这些公司看来，通过闲聊来打开顾客的需求缺口，是一个非常实用的方法。其中，类似于健康、财富和孩子教育的话题，自然更容易受到关注。

在欧美国家，很多家庭妇女由于没有工作，经常会帮助一些公司销售商品。她们一般会邀请亲朋好友到家中做客，然后大家坐在一起谈论家庭和孩子，谈论女性的创业，最后引到产品销售上。所以这些家庭妇女还会鼓励更多的人加入进来，帮忙一起销售产品，并会传授一些沟通的技巧。

这些例子，无疑都表明了财富、健康和孩子在社交话题中的普遍性和重要性。多数人在其一生中，都会面临这些话题，所以，这些话题实在是绝佳的沟通素材。不过，在谈论这些话题的时候，需要注意最重要的一点，即切勿谈论和打听客户的隐私，比如客户的家庭矛盾、客户遇到的尴尬事件，以免引发客户的反感。

让顾客帮忙找顾客

"销售之神"乔·吉拉德曾经提出过一个著名的250原则:每一个顾客背后都站着250个潜在的顾客,他们是这个顾客的亲人、朋友、同学、同事、老乡等亲近的人。在他看来,自己每次把握住一个客户,就有很大的可能去认识和结交他身后的250个客户,而这些人都有可能成为自己的下一个客户。

优秀的销售者会极大地拓展自己的销售范围,借助自己现有顾客的力量来提升销售额。对他们而言,将产品出售给顾客之后,并不意味着销售工作的终结,而意味着新的销售工作的开启,他们会利用新的力量和渠道来拓展业务。

中国香港有一家小公司,成立短短三年时间,就将年销售额从最初的1200万港元,提升到了惊人的2.4亿港元。三年时间业绩就增长了20倍,而市场占有率更是行业第一。这样的业绩让人惊讶,那么为什么这家公司会取得这么大的突破呢?

原来公司的创始人每次与客户合作之后，都会拿出一笔钱返还给客户，然后非常真诚地说道："我们公司愿意拿出 20% 的利润送给您，这笔钱，您可以用来请客户和朋友吃饭，然后只要帮忙宣传一下公司的产品就可以了。"依靠这样的策略，这家公司短时间内吸引了大量的客户。

在很多时候，销售者都会将顾客当成独立的销售对象，他们的目的就是说服自己遇到的每一个顾客，然后将产品推销出去，却忽略了顾客自身所携带的社会属性和社交价值。首先，顾客本身就是最好的代言人。当他们使用过产品之后，自然也就拥有话语权和说服力，这是一个天然的优势。其次，顾客也有自己的社交圈和生活圈，当销售者将产品和服务分享给他们时，他们可以扮演分享者的角色，将产品和服务再分享给自己周围的人。

那么如何才能让顾客帮忙介绍顾客，发展自己的销售渠道呢？这就需要销售者具备出色的沟通能力。

首先，是套近乎，打感情牌。通过双方之间所建立的联结，强化彼此之间的关系；然后以此为契机，主动寻求对方的帮助。套近乎可以有效拉近和稳定彼此之间的关系，为后面的请求做一个铺垫。比如，销售者在结束产品销售活动之后，可以这样告诉对方：

"不知道您觉得怎么样，我们非常看重您的体验和感受。如果觉得产品还可以的话，希望您可以帮忙介绍给亲朋好友。"

"能为您服务，是我的荣幸，这次合作让我感到很开心，同时也希望您下次继续光顾本店。如果可以的话，希望您下次可以带朋友前来体验一下。"

即便顾客没有购买产品，也不要忘了拉近关系。销售者可以这样说："买卖做不成没关系，可以交个朋友，只希望你可以帮我们在微信朋友圈宣传一下。"

在套近乎的时候，一定要注意不能强迫对方"必须帮忙介绍顾客"，而应该发出请求，给顾客充分自由选择的权利。而且最好让对方觉得只是顺手帮一下忙而已，比如发个朋友圈，或者在聚餐时提一下品牌和产品。多说两句好话，根本不用花费太多的时间和精力去刻意做宣传，这样反而更像是朋友之间的帮忙。通过套近乎的方式，可以激发顾客的分享心理，同时有效引导顾客帮忙打广告。

其次，可以选择以返利的方式吸引顾客加入销售团队。在这个模式中，销售者必须给予顾客一定的利益满足，以此来提升帮忙的兴趣和动力。比如，销售者可以这样告诉顾客，"下次，你可以带着朋友一起来看看，我们将会给您的会员卡增加积分""谢谢您的支持，如果下次有人要货，可以联系我，我会给予您一些返利"；或者也可以说："谢谢你的光顾，希望你能够帮我宣传一下，我们还有小礼物赠送。"

相比于打感情牌，给予顾客一些利益上的满足和奖赏，可能会更加直接一些。顾客一方面可以扮演消费者的角色，另一方面又扮演推销者和分享者的角色，这种角色转变伴随着利益的满足，毫无疑问会激发他们宣传和推销的积极性。实际上有很多超市和商店都使用这类方式开拓市场，积累更多的顾客。不过，即便是利益上的交换，也需要注意感情上的联结，强化这种合作关系。

以上两种常见的方法都比较实用，关键在于销售者要养成一个习惯：无论有没有完成交易，都要习惯性地留下一句话："希望您有空帮忙宣传一下。"虽然顾客未必真的愿意帮忙做宣传，但这种习惯性的表达很可能会产生意想不到的结果。

通常情况下，顾客为了维护销售者的面子，会下意识地答应。因为在他们看来，这种小请求根本不是什么大事，而这种下意识的应答往往会影响他们之后的行为。按照心理学的说法，人们经常会受到承诺一致原理的影响。所谓"承诺一致原理"是指人们在做出承诺之后，或者觉得对方一定误以为自己做出了购买承诺，就会形成一种自我约束的心理机制，并采取相应的行动，以确保自己能够对之前的承诺负责。有时候，即便是一个很小的承诺，也会引导人们采取行动去兑现诺言。当销售者习惯性地请求帮助时，顾客可能会做出积极的回应。而这种回应就会创造机会，顾客有可能会真的介绍朋友来这里消费。

保持真诚，和顾客建立更好的关系

心理学家约翰·鲍威尔在《为什么我不敢告诉你我是谁》这本书中，曾说起沟通的五个层次：

第一个层次属于陈词滥调打招呼。这是一种模式化、生活化的交流方式，对话内容基本也是一些日常的打招呼，没有什么太大的价值。

第二个层次属于他人的事实陈述和报道，简单来说，就是转述他人的内容或者观点。常见的有："我听说你是一位工程师。""他们都在说你是一位出色的歌手。"

第三个层次是意见和判断，即迎合他人的立场和需求，提出自己的看法。比如当某人不认同对方的想法时，不会直接反对和否定，而会说："这是我听过的比较有趣的一种说法，还是很有意思的。"

第四个层次属于感受与情绪。人们在沟通过程中会表达内在的感受和情绪，并想办法让对方接收到。比如，人们会这样说："听了你的故事，我也觉得很难过。"

第五个层次是坦诚沟通。人们会主动坦诚地表露自己内心真实的想法，真诚地展示自我。即便面对矛盾冲突，也会真诚待人。比如，人们会这样说："老实说，我并不认同你的观点，但我愿意听你说下去，并尊重你的观点。"

在约翰·鲍威尔看来，一个人最高级别的社交方式就是坦诚相待、真诚对人。约翰·鲍威尔的话具有普遍性，对于销售工作来说也是如此。销售者想要建立高级别的对话机制，想要保持高质量的对话，同样需要在顾客面前保持真诚的态度，而这种真诚往往包含了几个方面的意思。

一般来说，真诚的谈话要求销售者必须保持善良和诚信，遵从内心的原则，坦率地表达自我。

保持善良的关键在于替他人考虑的态度，在于为他人利益而努力的态度。有个顾客走进一家炸鸡店，打算购买一些食物回家。销售者在看了他的食物清单后，善意地提醒说："先生，您没有必要买双份的鸡腿，也没有必要买可乐。我看了您的食物清单，如果能够将小份牛肉汉堡换成鸡肉汉堡，就凑成了一份优惠套餐，本店将会额外赠送一份鸡腿和一杯可乐。不过，我不确定您是否真的需要鸡肉汉堡。"顾客听完之后非常开心，他更换食物清单后，不仅少支付了几美元，还获得了更多的美食。一个善良的销售者，不会欺骗自己的顾客，也不会为了挣钱而罔顾顾客的利益，他会更多地为顾客的合理需求而考虑。

诚信则强调了兑现诺言的决心和习惯，即说到做到，即销售者要兑现自己对顾客许下的承诺。比如，某顾客进店购买一款不太畅销的产品，为了挽留顾客，店家答应帮忙进货。顾客有些不好意思地说："我知道这个产品不太容易拿到货，要么就算了吧。"店家笑着说："我既然答应了你，就尽量帮你看看，到货了再通知你。"几天之后，店家亲自送货上门。得知店家花几天时间跑遍了省外两个大型批发市场，才找到自己想要的东西，顾客非常感动，多次表示感谢，后来成了这家店的老主顾。

坚守原则强调对个人销售原则的坚持。每个销售者都会有自己的原则，对于违背原则的交易，他们会主动放弃。比如，某个顾客打算让烟酒专卖店的销售者帮忙购买一批走私烟，他愿意全部收购。销售者直接告诉对方："我愿意和每一个顾客谈生意，但我不会碰走私烟，所以爱莫能助了。"坚守原则的时候，要注意不能和对方发生直接的冲突。

坦率地表达自我，强调的是沟通的坦诚。销售者要直接说出内心真实的想法，而不是欺骗和隐瞒顾客。比如当顾客询问销售者对某件衣服的看法时，销售者可以这样说："我个人不太建议买这样的衣服，价格太贵，而且品牌影响力一般。不过我觉得每个人都有不同的需求，如果您觉得好看，那就是合适的。"

还有一点也很重要，那就是要学会尊重、包容和理解对方。因为销售者和顾客对消费的理解不同，很多时候容易产生分歧。但无论如何，销售者不要去否定顾客，要尊重对方的任何消费选择。比如当顾客明确表态自己不喜欢某产品时，销售者要及时停止推销："你不喜欢这款产品也没有关系，选择自己喜欢的才是正确的。"或者也可以说："很抱歉，我这里没有您想要的东西，希望下次可以帮到您。"

表明对顾客的理解和包容，这是真诚待人的一个基本前提。与此同时，这也体现了维持努力边界的一种态度。什么是"努力边界"？简单来说就是双方在交流中会选择共同努力，维持一个令双方都满意的结果。当某一方的努力达到某个边界时，就要选择放手，即便这种努力并没有实现预期的目标。销售者向顾客介绍某产品时，说了半天，对方也没有被打动，销售者就不能继续纠缠对方。具体来说,当顾客没有正式表态时,销售者不要替顾客做决定,不要一直尝试说服顾客,不要一直去追求一个让双方都满意的结果。

对销售者来说,与顾客进行交流就是一个努力的过程,重要的是掌控努力的过程,全身心投入其中。至于努力的结果有时候并不需要强求,只要做到问心无愧就行了。

保持自信，才能说服顾客

如果对那些优秀的销售者进行分析，就会发现他们身上有一个共同点，那就是足够自信。在向顾客或客户推销产品的时候，他们总是会表现出自信的状态，并且依靠这种状态来感染对方，提高自己销售的成功率。很多时候，当他们面对顾客的时候，就给人一种这样的感觉："我一定会将产品成功卖给你。"自信的销售者，往往会在沟通中传递出这样两个信息：

——"我对目前的工作很满意，因为这些产品一直卖得很好，我的销量很棒。"

——"我对目前的产品很有自信，无论是质量还是设计，都经得起市场的考验。"

这两个信息对顾客来说至关重要，是说服顾客的关键。那么，销售者应该如何在与顾客交流时，表现得更加自信呢？

首先，要忠于自己的产品，不要去否定自己的产品。对于产品的不足，可以换一种说法，让不足变得更合理。比如一双鞋的质量很好，但设计有些粗糙，这个时候就可以告诉顾客："这款鞋非常适合那些在工地上跑的人，不容易坏，也不容易脏。"言下之意就是说它对于外观设计并不讲究，或者说外观设计并不是潜在顾客需求的东西。通过这种表达可以有效地化劣势为优势。

其次，表述要明确、清晰，不能模棱两可。在描述产品优势的时候，拒绝出现诸如"也许""可能""大概""估计"这类不肯定的词句，而应使用一些肯定性的词句进行描述，这样往往会让人觉得说话有底气。很多公司就对自己的销售者提出了明确的职业要求，那就是与客户、顾客进行沟通的时候，要清晰地传达自己的观点，将产品的优势坚定地表述出来，避免一些错误的、不明确的表达误导顾客，毕竟模棱两可的表达很容易削弱顾客的信任感。比如，当顾客追问产品的良品率高不高，具体为多少时，销售者如果支支吾吾说不出来，或者回答说"可能达到95%，也有可能是98%以上"，往往会让顾客产生怀疑，认为销售者明显有心虚的表现。这个时候，他们对产品的信心也会显得不足。

再次，自信意味着认同自己的产品。销售者必须明确告诉对方，自己非常喜欢这些产品，也相信这些产品会对顾客产生很大的帮助。销售者应当说"我一直都在使用这款产品，使用起来还是很方便的，相信对你也一样""市场上或许还有更好的产品，但我觉得这一款是最适合的"。需要注意的是，销售者的忠诚度非常重要。在顾客看来，如果一个产品连销售者自己也不喜欢用，或者说也看不上的话，是很难说服其他人购买的。比如在韩国，销售者往往会重点介绍和称赞自己国家的产品，包括化妆品、汽车、手机、电视都是如此，这对品牌的建立和宣传会起到很大的作用。一个优秀的销售者必须对自己的产品拥有足够的认同感。只有自己用着舒心，顾客用起来才更放心；只有自己认同产品的性能和价值，才有能力去说服顾客相信产品的性能和价值。

需要注意的是，销售者要拒绝自吹自擂和自我夸耀。不能为了激发顾客的购买欲，故意说一些夸张的话来吸引对方；也不能夸大产品的性能、质量和优势，因为这样做对顾客是一种欺骗，反而会对产品的销售产生负面作用。因为一旦自己无法兑现许诺的那些性能和体验，势必会对品牌形象造成严重的打击。

因此，一定要强化自己和产品之间的关联，比如告诉消费者和顾客，这些产品是自己亲手设计和制作的，融入了自己的想法和智慧，强调自己的自豪感和销售产品时的乐趣。通过类似的表述，可以更好地展示销售者的自信。销售者可以这样进行宣传："这是我花了三年时间打磨出来的产品，我像对待宝贝一样慢慢雕琢。"或者可以说："我一辈子的心血全部都投入到这款产品上了，个人对此还是比较满意的。"这种表达一方面不会显得牵强，另一方面也不会让人觉得在炫耀，反而可以凸显出个人的执着和自信。

最后，自信的人往往比较乐观，无论销售情况多么糟糕，无论大环境多么恶劣，他们也能保持乐观的心态，微笑面对顾客。因此销售者在宣传和介绍产品时，要表现出乐观的态度。2008年，美国次贷危机引发了全球性的金融危机。当时的芝加哥很多商铺都关了门，工厂也濒临倒闭，原本繁华的街道，冷清了不少。很多商家都垂头丧气，担心自己会成为下一批关门倒闭的人，但是有一家卖健身器材的专卖店，店主要求店员每天都要保持微笑，而且遇到顾客时，必须同顾客谈论一些开心的事情。

结果在金融危机肆虐期间，这家店铺的营收并没有明显的下滑，而且在金融危机之后，成了很多本地顾客购买健身器材的首选，营收额翻了几番。

如果从整体上来把握,那么销售者不仅要注重说话的方式,还要注意自己的行为和动作。比如说话的时候,要面带微笑,要抬头挺胸,眼睛直视对方,说话时不要躲闪。尤其当顾客追问或者质疑的时候,一定要保持从容不迫的姿态,不能慌张,身体也不要紧绷。总而言之,在与顾客对话的时候,一定要保持自然放松的姿态。

还有一点也很重要,销售者为了提升自信心,可以提前做好准备,制订一个合理的销售计划。这样一来,当他们面对顾客的时候,可以更加从容,应对自如。如果事前没有任何准备,就可能显得很局促,甚至因为一些细微的地方做得不到位而影响自己的表达。

第四章

客户是上帝，要懂得迎合客户

把握用户的痛点，有针对性地进行销售

约翰·莱希是世界上最出色的销售者之一。作为一位飞机销售者，他的秘诀在于总是可以找到客户最看重的营销点，然后有针对性地进行描述。飞机作为一款大的奢侈品，营销的难度很大，行业内的多数人都难以称得上优秀，其中一个原因就在于营销方法过于死板和僵化。比如在多数时候，营销员都会无差别地强调飞机的油耗量、载客量、舒适性、安全性、经济性。而莱希不一样，他知道什么样的客户有什么样的需求，总是能够找到客户最感兴趣的点。

有一次，美国西北航空公司的代表来空客公司看飞机，空客公司的谈判团队顺势向对方推销了著名的空客A320，然后将这款机型的基本特点介绍了一遍。可是对方并没有任何反应，这让销售团队感到不安，他们担心对方去找老对手波音公司。

这个时候，莱希突然想到了一点：美国西北航空公司的代表曾经当过空军飞行员，而飞行员最看重飞机的驾驶体验，最希望自己驾驶的飞机拥有便

捷高效的操作系统和舒适宽敞的驾驶环境以及上好的安全保障。于是，莱希走到代表的面前，重点提到了 A320 先进的操作系统，谈到了它宽敞的操作空间和强大的动力系统，还有就是驾驶室的隔音效果很好，基本上听不到什么噪声，可以说它是任何飞行员梦寐以求的大玩具。

很显然，莱希的话打动了代表，对方当场就同意签约，然后直接献上了一份 28 架 A320 的大订单，价值 25 亿美元。

作为一个出色的销售者，莱希一直都坚持深入了解每一个客户的需求，这就是他能够赢得客户信任的原因。有趣的是，莱希在 2017 年退休，结果在退休之前，之前的大客户还特意送上了一份几百亿美元的大订单。

在销售学中，有一个很重要的词："痛点"。所谓痛点，就是指人们在日常生活中使用产品或服务时，所产生的负面体验和一些不良情绪。比如现在比较火爆的新能源汽车，用户最担心或者最焦虑的问题就是电池续航问题，因此汽车的续航问题就是一个痛点。对于商家来说，如果针对续航不足和里程焦虑的问题进行宣传，强调自家产品的续航优势，就是一种典型的痛点营销。

痛点营销在日常生活中比较常见，它的基本逻辑就是，人们对产品的需求通常有很多种，而销售者要抓住的，应该是能够引起消费者担心和焦虑的一个需求，或者说消费者对产品或者服务的最大期待是什么，这个期待就是决定消费者或用户下定决心的关键点。不同的人，对于同一件产品的痛点往往不一样。还是以买车为例：最近几年，消费者对新能源汽车产生了很大的兴趣。很多人认为油车的油费是一笔很大的开支，购买新能源汽车则相对更省钱一些，因此这些人最关注的需求就是电力带来的低成本。不过，有的人购买新能源汽车，追求的是新能源汽车的潮流，对这些人来说，新能源汽车关键是能够带来精神上的满足，能不能省钱倒在其次，甚至是无关紧要的。

痛点营销强调解决消费者的焦虑问题，考虑到生活层次和生活环境的不同，要求销售者在销售产品和服务的过程中，着重挖掘对方的痛点，有针对性地进行表达和营销。比如在面对工薪阶层或者普通家庭时，对产品和服务的描述需要更加注重性价比，产品营销的定位必须是物美价廉，在满足基本使用功能的基础上，需要突出产品的价格优势；而面对富人阶层，就要重点强调产品的品牌价值，所有的对话都应围绕品牌价值来展开，体现出产品的独一无二性；面对年轻的消费群体，则要注重社交功能，强调产品带来的社会融入属性与个性；面对老年人，一定要强调产品的保健功效和安全。

如果细心观察，就会发现痛点营销实际上和个人的需求层次相似，因此，销售者可以从用户的需求层次出发。不同的人处在不同的需求层次上，自然也就存在不同的痛点。而销售者要做的就是说出这些痛点，然后告诉他们自己有办法解决这些痛点，或者说自己的产品可以解决痛点。

对于消费者需求层次的把握，往往可以从年龄、穿着、学历、社会地位、财富、生活习惯、性格等多个方面入手，了解和分析对方在消费时的状态，然后更准确地把握对方的痛点。通常来说，销售者可以从基本的对话和观察中找到一些相关信息，也可以通过市场调研的方式了解不同消费者的消费理念和消费习惯。在挖掘出痛点之后，接下来就需要有针对性地进行营销。

一般来说，销售者会有一个比较固定的流程：先细数产品或者服务当中常见且影响比较大的问题，重点强调这些问题给用户带来的不便，说出客户焦虑的点，接着介绍自家产品的优势，解决客户的焦虑。

比如一家卖衣柜的，为了向客户推销自己的产品，往往会先介绍行业的状况——"现在的客户对木质家具的需求越来越多，但家具行业中大多数所谓的木制品其实都不是实木，而是用人造木板制作的。"

接下来，销售者可以强调这些问题给用户带来的焦虑心理——"这些非实木家具可能含有更多的有害物质，包括甲醛、苯、甲苯、重金属等，对家庭成员尤其是孩子的身体健康威胁很大。"

当焦虑问题被挖掘出来之后，销售者就可以列出自家产品的优势，解决用户的焦虑，迎合用户的期待——"你看，我们公司的家具都是纯实木的，而且拼接的也很少，就连外面的漆面也是纯植物提取的，基本上不存在污染室内空气的问题，更不会对孩子的健康造成威胁。"

在销售产品和服务的过程中，最重要的并不是自己拥有什么价值，而是看用户和消费者需要什么样的价值。切中消费者的痛点和期待去做销售工作，无疑会事半功倍。

迎合顾客的情感需求

在销售时,想要打动消费者,往往有两种途径:一种是价值呈现,即直接向顾客展示产品的价值,迎合顾客的使用需求;还有一种常用的方式就是情感输出和情感满足,因为顾客在购买产品或者服务的时候,不一定都是冲着产品的使用价值去的,可能也会存在一些情感上的需求与寄托。对于销售者来说,如果可以迎合顾客的情感需求说话,往往可以产生更强大的说服力。

著名的钢琴品牌山叶钢琴在进军中国市场的时候,一直找不到合适的突破口。一方面是因为钢琴本身比较贵重,很多家庭根本负担不起;另一方面,钢琴行业在中国市场的竞争比较激烈,任何一个品牌想要赢得市场的青睐,都需要面临巨大的压力。为了赢得中国市场的信赖,山叶钢琴对市场进行了调研,并有了意外的收获。山叶钢琴发现,当时的中国市场非常流行电子游戏机,不少孩子对电子游戏机非常痴迷,且严重上瘾。一些孩子因为游戏而荒废了学业,让父母忧心忡忡。考虑到电子游戏机的负面影响,山叶钢琴想到,如果能够转移孩子的注意力,让他们做一些更有意义的事情,不仅有效解决了游戏机上瘾的问题，也是家长们希望看到的。

不久之后，山叶钢琴打出了一条广告语："学钢琴的孩子不会太坏。"不仅如此，每一个进店的顾客在询问钢琴的情况时，销售者都会非常温和地告诉他们："现在的电子游戏机的确是一个很大的问题，最重要的是让孩子找到更有意义的事情，分散他们的注意力，而钢琴就很不错。在国外，很多父母都要求孩子练习钢琴，这样不仅可以培养新的兴趣爱好，还能够陶冶性情，确保孩子的心理健康。"

事实上，父母都希望自己的孩子能够健康成长，不会被不良社会风气带坏，这是最基本的期待和需求，而山叶钢琴的广告和销售者的话，无疑击中了父母内心深处最敏感的那个情感点，因此可以更好地引起广大父母的共鸣。当山叶钢琴迎合了父母的情感需求之后，广大的父母自然愿意花钱给孩子购买钢琴。也正是因为如此，山叶钢琴很快打开了中国市场，获得千万父母的关注和认同。

每一个顾客或者消费者，都有自己的生活困境和情感需求，因此销售者可以有针对性地进行沟通，迎合对方的情感需求进行表达，尽可能地拉近双方之间的关系。这些情感需求的种类多种多样，比如很多宠物专卖店会针对一些空巢老人或者单身青年的生活现状，制订自己的销售计划。他们在出售宠物时，会着重强调饲养宠物可以填补情感上的空虚，有效缓解生活中的孤独感。一些小饭店或者快餐店，针对在外打工的人群思乡的情结，会提供一些简单的"妈妈菜"和"家乡菜"。他们会告诉顾客"大家出门在外都不容易，吃点家乡菜，好歹还有一点念想"。还有一些以爱情为主题的餐饮店，会推出自己的特色饮品，会对进去消费的人讲述"恋爱的故事"，或者强调"每一次初恋都值得回味"。

类似的表达和暗示，往往可以迎合或者激发顾客的情感需求。不过，不同的人有不同的情感需求，不同的情境下也有不同的情感需求，想要迎合这种需求，销售者就要懂得观察并捕捉相关信息。

比如，父母一般希望孩子健康快乐地成长，因此孩子的成长和学习会是一个很好的突破口；老人则更多地希望子女能在身边，或者经常回家看看，将自己的产品与家庭团聚或者归乡情结联系在一起，往往可以更好地打动对方。这都是一些常识，只要把握住特定的顾客，往往就能够更好地开展销售工作。

此外，很多顾客可能并没有表现出相应的情感需求，但销售者也可以通过对话激发出这种情感需求。比如，年轻人大都有属于自己的情感生活和情感经历，一些甜蜜的恋爱时刻，或者失恋的痛苦记忆。这些情感往往会埋藏在心中，销售者要做的就是创造一种契机来激发这些需求。很多地方都会推出一些情侣餐厅，服务人员在推出自己的产品和服务时，会说一些恋爱方面的事情，或者强调"我们的食物会带来恋爱的感觉"。针对特定人群，然后将情感主题融入产品销售当中去，就可以带动对方产生更多的消费欲望。

美国俄亥俄州战略地平线顾问公司的创办人小约瑟夫·派因以及詹姆斯·吉尔摩曾经在《哈佛商业评论》上谈到过一个有趣的概念：体验式经济。所谓"体验式经济"是指以服务为重心，以商品为素材，为消费者提供值得回味的感官体验的一种经济形态。在体验经济中，商品更像是一种辅助性的道具，只是用来帮助消费者追求感性与情境诉求的其中一个元素。换句话说，消费者可以通过商品和具体的消费行为来勾起美好的回忆，或者创造出一些美好的记忆。体验式经济的本质是一种体验式营销，销售者需要通过对话来强化顾客的体验，成功激发顾客的情感需求。

需要注意的是，在与顾客交谈的时候，不能为了激发顾客的情感而刻意制造一些感人的话题，更不能为了增加情感元素而谈论一些不真实的故事，或者谈论和销售主题无关的事情，以免因为情感的滥用而导致方法失效。

要契合别人的经验

《心理操纵术》一书曾详细提到过有关"经验"的问题:"比如,当我们看到一种新式飞船时,我们想让他人相信这飞船令人诧异的长度,于是,当你想说给街上的行人听时,你就得说它有三个街区那么长,或说它有从榆树街到林肯街那样长。

"这些人经常在街上走,所以你一说,他们就知道飞船到底有多长。如果你要对乡下人说飞船的长度,你就说飞船有他牧场的两倍那么长。如果你想说给一个纽约人听,你就得说飞船的长度和42号街上新建的克莱斯勒大厦的高度一样。因此我们想让他人完全理解自己的语言时,一定要契合他人的经验才行。"

实际上,在日常生活中常常也是如此。由于每个人的知识储备、生活环境、谈话风格、个人视野和能力都不一样,因此对于事物的认知和描述方式也不一样。销售者在介绍自己的产品,或者和对方谈论交易的话题时,必须要注意自己的表达方式,不能完全按照自己的经验来表述,而要懂得迎合对方的经验，确保对方可以更好地理解和接受自己传递过去的信息。

举几个简单的例子：一个农户想要将自己的土地出售给开发商，最好的方式不是直接说我这里有多少亩地，因为在开发商那里，"亩"并不是一个常用的单位，它甚至都不在他们的话语体系之中。农户完全可以这样表达："购买了这些土地，足够您打造一个×××平方米的商业中心。"

同样地，一个卖三轮电瓶车的人向一位老农介绍电瓶车的性能时，如果告诉对方"我们的电瓶车是72V的，一共有6个电池，电流是32A"，那还不如直接告诉对方："这辆电瓶车可以跑120~150公里的路程。"但最好的表达是："骑上这辆车，你可以从家里到店里来回五六趟。"对于一个老农来说，这样的说法无疑更容易理解。

要知道，销售本身就是一个沟通的过程。通常来说，销售者发出什么信息，通常就会得到什么样的信息反馈，但问题在于很多时候销售者发出的信息是无法被对方接收的。如果对方无法理解你发出的信息，就会造成信息交流的障碍，因此如何确保顾客接收到并理解信息是一个重要的工作。沟通离不开默契，只有双方保持默契，才能形成一次完整的、高效的对话。如何保持默契呢？简单来说，就是沟通者所表达的内容可以被倾听者接受，而倾听者的回应又能够反馈给沟通者。在这个过程中，双方需要保持在同一频道上进行交流，因为不同频道的交流会导致信息交流不畅，而你的表达迎合了他人的经验，才可以更好地保持同一频道。

那么销售者应该如何去迎合顾客的经验呢？

这里所强调的经验，其实和表达时的参照系统有关。"对乡下人说飞船的长度，你就说飞船有他牧场的两倍那么长"，就是因为以牧场作为参照系统，乡下人更容易理解，或者说乡下人平时也是以牧场作为衡量长度的一个参照物的。"如果你想说给一个纽约人听，你就得说飞船的长度和42号街上新建的克莱斯勒大厦的高度一样"，也是因为纽约人习惯了用克莱斯勒大厦的高度作为衡量高度的参照系统。同样地，一个农民向地产商出售土地的时候，应强调平方米，而不是亩，就是因为双方的参照系统不一样，农民必须迎合对方的参照系统来描述事物。

对于销售者来说，想要说服他人，就要主动理解他人的参照系统。参照系统其实和自身经验、所处环境、知识储备以及过去的价值观、信仰以及思维方式息息相关。关于自身的经验和所处环境，比较好理解，一个人在生活和工作中接触的事物、与周边群体交流的习惯，都会影响个人的思维方式。比如很多销售者在将产品卖给本地人时，可以谈论一些本地的口头禅，或者一些俚语。这样不仅更容易被人理解，还能拉近彼此之间的关系。

至于知识储备，销售者需要了解顾客的社会层次和知识掌握程度，比如说个人的学历和专业，以及他平时是怎么组织语言的。在面对那些高学历的顾客时，销售者就可以适当使用一些专业性、学术性强一点的词汇，需要列出数据，然后给出证明。如果对方的学历不高，说话比较通俗和直接，那么在表达时，可以使用一些通俗的句子、通俗的比喻，或者使用一些生活中比较常见的东西作参考。

个人的价值观、信仰和思维方式同样会对接受他人表达的习惯性经验产生影响。比如一些学术性的表述、宗教性的对话、民俗性的描述，都具有特定的表达方式，销售者应该予以尊重。事实上，很多价值观和思维方式本身也和个人的生活环境有关。

而想要了解一个人的参照系统，或者说习惯使用什么参照系统，就要主动去了解对方，在沟通中留心倾听对方的谈话，观察对方的言行举止，搜集对方的资料，把握一些关键信息，以此来推测出对方是什么人，喜欢什么样的表达方式。

面对顾客的指责，要沉住气

在日常销售当中，常常会出现一些争执，比如产品质量问题、产品价格问题，或者是服务不到位的问题。这些都可能引发销售者与顾客之间的争执，顾客很有可能会因为产品和服务问题进行指责，顾客可能会将问题推卸到销售者这边，并认为销售者的服务存在问题。这个时候，销售者也很有可能会推卸责任，有针对性地进行辩解。

心理学教授詹姆士·哈维·罗宾森，曾在《下决心的过程》这本书中写下这样一段话："我们有时会在毫无抗拒或被热情淹没的情形下改变自己的想法，但是如果有人说我们错了，反而会使我们迁怒对方，更固执己见。我们会毫无根据地形成自己的想法，如果有人不同意我们的想法，我们反而会全心全意维护我们的想法。显然不是那些想法珍贵，而是我们的自尊心受到了威胁……'我的'这个简单的词，是为人处世中最重要的，妥善运用这两个字才是智慧之源。'我的'晚餐、'我的'狗、'我的'房子、'我的'父亲、'我的'国家或'我的'上帝，都具备相同的力量。

"我们不但不喜欢说我的表不准，或我的车太破旧，也讨厌别人纠正我们对火车的知识、水杨素药的性能或亚述王沙冈一世生卒年月的错误……

"我们愿意继续相信以往惯于相信的事，而如果我们所相信的事遭到了怀疑，我们就会找尽借口为自己的理念辩护。结果呢，多数我们所谓的推理，变成找借口来继续相信我们早已相信的事物。"

当销售者试图替自己辩解甚至争执的时候，情况会变得更加复杂，很容易激化双方之间的矛盾。比如销售者的辩解行为，很容易被对方视作推卸责任，或者认为是在敷衍和欺骗顾客；而当销售者直接与顾客发生争执时，矛盾会被扩大。顾客会觉得自己没有得到足够的尊重，会认为销售者缺乏基本的素养，并且迁怒于品牌，从而对品牌形象造成很大的影响。

比如，某厂家向客户出售了一批产品，可是客户却打来电话说缺失了两个零件。工厂的业务员听了直摇头，非常自信地说道："我记得自己已经把产品都装好了的，不可能少两个零件的，我做了这么多年的工作，不可能犯这样的错误。"

客户却认为业务员不能拿过去的业绩说事，没准自己一疏忽，遗失了零件。面对客户的指责，业务员接着说道："反正我这里没有出现问题，你们最好回去问一问，有没有工人在安装机器时，弄丢了两个零件。"顾客听了有些不满，觉得对方的话明显不负责任，于是再次催要零件。此时业务员也沉不住气："要是丢了零件都来找我，那我不是要赔死，我都把货交给你们了，你们自己应该懂得好好保管。"

当业务员说出这番话后，客户生气地离开，之后双方再也没有合作过。

销售者可以仔细回顾一下，在面对顾客的无端指责时，自己是否也曾如此冲动，是否也曾坚定地认为自己没有做错，是顾客弄错了，或者是顾客故意刁难自己，于是选择与顾客争执和对抗。从结果来看，当销售者与顾客产生争执的时候，无论谁对谁错，销售者最终都会受到损害，销售者的形象与品牌的形象都会遭受冲击。因此争执和对抗并不是一个明智的选择，更聪明的做法是保持理性，尽可能沉住气，避免和顾客发生言语冲突。

史蒂芬·柯维在《高效能人士的七个习惯》一书中提到了一个重要的法则：90/10法则。这个法则说的是：每个人生命的10%是机遇组成的，其余90%取决于个人的反应和态度。当顾客不断对销售者进行批评、指责以及提出一些毫无道理的要求时，意味着顾客是一个不讲道理、喜欢刁难人的人，这就是销售者的运气问题，客观存在，也无法改变。他不能设想和要求所有的客户都善解人意，主动迎合自己。但是销售者可以调整自己的反应和态度，一个优秀的销售者不会直接与顾客发生冲突，不会在顾客面前产生过激反应，而会保持自己的专业素养和职业素养，沉住气，并想办法缓解彼此之间紧张的关系，争取挽回自己的形象，并削弱对方的敌意，为后续的业务合作提供帮助。

那么，销售者应该如何给予顾客更合理的回应呢？

首先，销售者需要详细询问顾客，力求弄清楚事情的来龙去脉，比如"你能告诉我究竟是怎么一回事吗？""先消消气，具体说一说哪里出了问题"。

其次，先退让一步，缓和对方的情绪。销售者可以直接告诉对方，"对你身上发生的问题，我感到很抱歉"。或者说，"没想到您会遭受这样的困扰，希望问题不大"。先表达自己的关心和歉意，无疑会在第一时间给顾客的情绪降温。

接着，分析问题，找出原因。销售者在稳住对方的情绪之后，要对发生的问题进行分析，看看究竟是哪个环节出了问题，找出具体的原因。这种分析，也是负责任的一种体现。销售者可以说："你先别着急，我来帮你找出问题产生的原因。"

最后，销售者在寻找解决问题的方法时，一定要记得无论谁对谁错，都不要推卸责任。销售者可以这样说："我也不能保证一定会解决问题，但一定保证尽最大努力让您满意。"这样的表态往往可以表现自己的担当和责任感，给顾客留下好印象。

在与顾客交流的过程中，销售者需要克制自己的情绪，保持理性和冷静，同时表现出积极解决问题的姿态，最大限度缓和矛盾。事实上，情绪克制非常困难，是一项重要的修行。可以说，每个人都有自己的情绪障碍需要跨越，每个人也都有一个跨越情绪障碍的过程。销售者可以意识到自身的情绪问题并想办法克服，而对于顾客所遇到的情绪障碍，最重要的是保持一定的耐心和同理心，给予对方充分的理解，避免推卸责任，避免将矛盾激化。这样才可以更好地促进交流，寻求解决问题的最佳方法。

被顾客拒绝时,要保持大度

在销售工作中,被拒绝是一种很常见的现象。其实,多数人的销售工作成功率都不会很高,这种低成功率是销售工作的一个特点。即便是那些顶级的销售者,也难免会被人拒绝。可以说,被拒绝是一种常态。在面对顾客的拒绝时,销售者的态度和应对措施往往决定着销售工作的成败。

比如,很多人面对顾客的拒绝时,可能会表现得很沮丧,会表现得很生气。或者一直缠着对方,希望对方给自己一些合作的机会。这些行为往往会损害自身的形象,让对方产生厌恶感。从顾客的立场来说,他们选择拒绝销售者往往有自己的理由,比如认为产品的性能不佳,认为产品的品牌力不大,或者认为销售者的服务不够到位。销售者要进行自我反省,看看自己哪里做得不到位,或者有什么不足之处,而不是任由消极的情绪支配自己。一个聪明的销售者懂得如何处理与顾客之间的关系,在遭到拒绝的时候,懂得维持良好的个人状态,确保双方仍旧可以建立良好的关系。

某人准备拜访一位大客户,想着只要将产品卖给这位大客户,建立稳定的合作关系，就可以帮助公司拓展新的市场，极大地提升公司的竞争力。可是当他和客户谈论自己的想法时，对方却直接给他泼了一盆冷水："对不起，你们公司看起来很小，业务员似乎没那么专业，至少从目前来说，在你们身上还没有找到能够打动我的地方，所以我并不打算和你们做生意，我更希望找到一个更有实力的合作伙伴。"

面对这样的话，他肯定会非常沮丧，这个时候完全可以指着对方回应："你有什么了不起？现在我也不打算和你这样的人打交道。"或者还可以问候一句："你这样的人做生意，恐怕也不会长久。"话是说了，气也出了，但结果是直接失去一个潜在的优质客户，这对公司来说是一个巨大的损失。所以更好的办法是保持冷静与温和，比如他可以这样回复对方："非常感谢您的坦诚，您对我们公司和业务员的看法至关重要，我想这些批评和建议对公司的发展和完善会起到很大的帮助，相信我们之后会越变越好。当然，我也希望有一天更好的我们可以配得上您的要求，并且期待着将来能够获得为贵公司服务的机会。"

这样的话一说出口，显得销售方大气，整个格局就凸显出来了，个人的形象无疑也得到了提升和强化，双方的矛盾会得到缓和，客户有可能会这样解释："事实上，你们的公司也不是不好，但我们公司对于合作伙伴的要求非常严格，很多公司也被我们否定了。就我个人而言，也希望你们越来越好，相信我们以后一定有机会一起合作。"

在一些被拒绝的场景和情境中，销售者常常会因为自己处于被动的位置而产生一些消极的情绪，而聪明的做法是确保自己不被负面情绪主导，想办法给顾客留下好印象。即便被拒绝，也要展示出乐观、自信、向上的心态，也要处理好与顾客之间的关系，保持一个更大度的形象。

一般来说，为了打造一个更好的个人形象，可以选择以下一些交流的方法：

——对未能与对方合作表示可惜

销售者可以这样说："我一直期待着与您合作，很可惜错过了这次机会。"这样说可以凸显出对方在自己心目中的地位，赢得对方更多的好感。比如，有个销售商在推销产品时一直没能说服对方，对方以双方不合适为由拒绝了这一次的合作。销售商有些可惜地说："我为了这一次的推销准备了三个月，为的就是想要和您合作，只可惜缘分还不到。"对方听了也有些不好意思，于是约定下次有需要的话，会优先考虑这个销售商。

——要对对方表示感谢

销售者可以这样说："尽管有些可惜，但还是谢谢你愿意听我介绍这款产品。"这种表达会让人觉得你大度、沉稳、有礼数，对方可能会对你产生更好的印象。比如有个销售者被客户拒绝后，非常感激地说："尽管被您拒绝了，但还是要说声谢谢，因为您是最近一个月内，唯一愿意花5分钟时间认真听我介绍产品的人。"对方听了这句话之后，转过身，给了销售者一张名片，说是下次有什么业务合作可以联系他。就这样，销售者成功获得了与客户进一步交流的机会。

——表达不断改善自己的愿望，并期待着下一次的合作

销售者可以这样说："很遗憾不能为你服务，但我会再接再厉，不断完善和提升自己，希望能够越来越好，希望下次有机会同你合作。"希望寻求

进步，这有助于提升自己的形象，顾客对他们会产生更大的期待。当销售者提出下一次合作的意愿时，往往可以赢得对方的认同和承诺，而这种认同和承诺很有可能会帮助他们重新与顾客建立联结。有个企业家被客户拒绝之后，并没有与对方翻脸，而是做了一番自我剖析："这一次是我自己做得不够好，对于产品存在的问题，我一定会努力改正和提高。下一次，我一定会给您提供一款更完美的产品。"客户听完之后，对这个企业家的印象越来越好。

——希望对方可以指出自己身上具体的问题

销售者可以这样说："尽管不能与您合作，但还是希望您可以帮忙指正。"这样说的目的很简单：通过让顾客指出问题所在，不仅有助于提升自己的能力，完善自己的销售方法，还能建立起更深的联系。有个人向顾客推销老家的手工艺品，可是叫卖了半天，也没人理会。在数次被人拒绝之后，他拦住一个路人，然后非常诚恳地说："我今天早上没有卖出一件手工艺品，我也不知道问题出在哪里，您从顾客的角度和我说一说，究竟有什么问题，希望帮忙指正一下。"这个路人原本没打算购买，可是在指正了一番之后，他改变了心意，买了一件手工艺品，算是给对方一个鼓励。

无论是哪一种表达方式，其实最重要的是克制自己的情绪，保持一份良好的心态，让对方感受到自己所做出的努力，以及对销售工作的美好期待，而这样往往会感染到顾客。

在顾客面前保持同理心

纽约营销调研公司的高级营销调研主管戴维·迈耶和凯利普管理公司CEO赫伯特·格林曾在《哈佛商业评论》上发表了一篇文章：《是什么造就了优秀的销售员》。在这篇文章中，两个人谈到了顶级销售者的一些特质，其中一个就是同理心。

戴维·迈耶和赫伯特·格林认为，那些同理心不够强的人"会尽力瞄准目标，然后沿着自己的销售路线前进；但如果他瞄准的客户没有采取他预期中的行动，销售就会失败"，而那些同理心比较强的销售者会在第一时间"察觉到客户的反应，并能根据这些反应做出调整。他不会受预定的销售路线束缚，而会根据自己与客户之间的实际互动情况来进行销售。在体会到了客户的感受之后，他能够及时改变销售节奏，做到进退自如，并且做出具有创造性的调整，从而锁定目标并完成销售"。

那么，究竟什么是"同理心"呢？其实同理心简单来说就是一个人对外界、对他人感同身受的能力，能够体会到他人的情绪变化，能够理解他人的遭遇、想法和立场。富有同理心的人往往具备出色的观察能力和敏感的体验能力,能够快速感知顾客内心的想法,有针对性地进行沟通,给予对方相应的理解和支持。这种支持往往可以赢得很好的回报,对方通常会因为销售者的支持而感到高兴,并且会因为这份支持而产生信任感。这有助于销售者顺利展开销售活动,并取得预期的效果。

著名的成功学导师卡耐基收了一个叫克纳夫的学员,这位学员是一个煤炭推销员。在多年的工作生涯当中,他的工作一直都不是很顺利,因为他一直想着把煤炭推销给一个大客户,这是一家大型连锁公司。那家连锁公司也需要煤炭,但不知道为什么公司就是不买克纳夫的煤炭。克纳夫多次上门推销,可是每一次都无功而返。连锁公司的经理对克纳夫非常不满,每次克纳夫一出现在办公室,就顿时变得冷漠起来。

卡耐基听说了这件事,建议克纳夫改变自己的销售模式。卡耐基先是举办了一次辩论赛,辩论赛的主题是:发展连锁店业务对国家来说弊多利少。克纳夫被分在了反方,即主张"发展连锁业务对于国家大有助益"。卡耐基建议克纳夫去那家大型连锁公司找一些资料,好胜心很强的克纳夫为了赢得辩论赛,就直接去找大型连锁公司的经理,希望对方给自己一些资料。

走进经理的办公室后,克纳夫直接说明了来意:"我这次来不是为了推销煤炭的,我有事相求。这事没有比你更能胜任的人选了。我在参加一场关于发展连锁业务对国家来说弊多利少的辩论赛,如果你能提供给我资料我将感激不尽。"由于双方之前有一些不愉快的对话,克纳夫为了避免对方拒绝,直接保证只占用对方一分钟左右的时间。经理知道自己是开门做生意的,不好直接拒绝别人的请求,于是勉强同意。

结果,由于两个人的观点一致,经理对这样的话题非常感兴趣,克纳夫于是将话题引到这家大型连锁公司上，表达了自己的关注，还谈到了连锁公司在服务社会方面取得的巨大成功。他觉得这种价值不应该被人忽略，更不应该被整个社会无视。听到这些话，经理有些激动，接过话题侃侃而谈，还为自己的连锁店能为几百个社区服务而感到自豪。最终，他与克纳夫愉快地交谈了两个多小时。交谈之后，经理主动为克纳夫提供了许多资料。而当克纳夫准备拿着资料离开时，经理突然又叫住了他，微笑着说："开春的时候你再来，我们谈谈你的煤炭生意吧。"

这样的结果是克纳夫始料未及的，没想到自己平时辛辛苦苦上门推销，对方怎么也不肯答应，而如今自己对煤炭生意只字未提，反而轻易谈成了合作。克纳夫感慨地说道："在过去几十年里我只关心自己的生意，结果怎么推销都是徒劳。但当我真正地关心起他的生意后，在两个小时里所取得的进展比过去十年还多。"

罗马诗人普珀里琉璃斯·西罗斯说："要想让别人对我们感兴趣，我们先要对别人有足够的关心。"这种关心可以直接体现在同理心上。对于销售者来说，保持同理心的关键在于感同身受，要注意关注对方的立场，关注对方的情绪反应和情感需求，重点关注对方的思想和价值观。

同理心可以直接表现为对对方立场和观点的认同。这种认同包含两种情况，第一种情况是：双方保持同一立场，销售者成为顾客坚定的支持者；第二种情况是：双方处在不同的立场上，但销售者可以表态："如果我是你，可能也会这么做。"无论如何，销售者不能将立场对立起来，必须给予对方足够多的理解。

当立场不同的时候，可以采取"长颈鹿式沟通"。长颈鹿有三个明显的特点：高、慢、心脏大。这种沟通者往往有高度、有格局，可以看得比常人更远一些。他们不会拘泥于一些无关痛痒的细节，不会因为一些小事而纠结，而会朝着明确的目标前进。在与人沟通的时候，他们只需要阐述事实即可，不用进行判断和评价。他们会将自己听到的东西准确描述出来，但往往不会进行评判，不轻易表露自己的观点。即便想要与对方说话，也没有必要草率表达观点和立场，只需要说出自己的真实感受即可，告诉对方"我很遗憾""我很难过""对此，我感到担忧"等。

同理心也可以直接表现在关注对方的情绪反应和情感需求方面。销售者可更多地观察对方的情绪表现，然后表现出同样的情绪和感受，以此来拉近彼此之间的关系。比如当对方说起一件伤心事时，就要表现出伤感的、低沉的情绪；当对方非常愤慨地谈论某件事时，也要及时地在情绪上给予呼应，表达自己的支持。只有先挖掘出和对方相似的情感、情绪，才能更好地建立情感联结和基本的社交联结。

至于关注对方的思想和价值观，主要看对方在事件的相关描述中所体现出来的精神面貌和价值取向。只要对方的思想和价值观是正确合理的，就要给予支持。即便对方的价值观和销售者的价值观不同，也不要随意评价，只要认真倾听对方表达即可。

肯尼迪·古迪在《怎样让人们变成黄金》一书中说过："暂停一分钟，把你对自己的事情的深度兴趣，跟你对其他事情的漠不关心，互相作个比较，那么你就会明白，其他人也正是抱着这种态度！于是，跟林肯及罗斯福等人一样，你已经掌握了从事任何工作的唯一坚固基础，除了看守监狱的工作之外。也就是说，与人相处能否成功，全看你能不能以同理心接受别人的观点。"

怀有同理心的人，往往可以与其他人快速建立社交联结，可以更好地引起双方情感上的共鸣。这个时候，对方可能就不会感到孤单，两个人之间就可以实现能量的交流和转换。比如，销售者可以用自己的正能量将对方从负能量中拉出来，可以用自己的正能量与对方实现能量上的共振共鸣，产生更强烈的交流，从而促进彼此之间的关系。

面对不同类型的顾客，采取不同的沟通策略

从交流的角度来说，销售过程中的沟通方式并不是千篇一律的，因为销售者遇到的销售环境和顾客往往不一样。使用单一的、固化的沟通模式与顾客交流，会影响销售的效果。销售工作其实有很大的灵活性和弹性，销售者应该依据现场环境的不同做出调整，应该针对不同类型的顾客采取不同的沟通策略，确保顾客获得更舒适的沟通体验，也保证自己可以充分掌控好节奏，控制整个销售过程。

一般来说，顾客依据行为表现可以分为几种常见的类型，他们分别是强势果断型、犹豫不决型、乐于自我表现型、理性克制型。

——面对强势果断型顾客

许多销售者为了占据主动权，都希望自己的顾客表现得相对弱势一些。这样一来，自己就可以更好地控制节奏，确保对方可以按照自己的引导做出消费选择。可是当他们遇到强势且果断的顾客时，对方往往会因为超强的控

制欲而完全依靠自己的判断做出购买决定。这个时候，销售者的一些引导性建议就不那么管用了。因此在推销产品的时候，要适当克制，多赞美对方的观点和想法，少做解释，不要帮顾客做决定。

比如，当顾客看中一双球鞋，想也不想就决定买下来时，销售者可以赞美道："你的眼光真不错，不是行家都看不出这双鞋的门道。"接着乘胜追击，"我们店里还有一款类似的鞋，包裹性更好一些，要不要也看看？"顾客可能头也不抬地说："给我一起包起来吧。"

——面对犹豫不决型顾客

这一类顾客在购买产品的时候，通常都会认真挑选，认真听销售者的介绍，整个购物过程会比较长，做决策也比较慢。如果没有找到绝对的优势或者十足的购买理由，绝对不会轻易拍板。在面对这类顾客时，不要着急，要保持热情和强大的耐心。先认真看顾客的选择，等到对方思考得差不多时，可以帮助给出一些建议，重点强调某一款产品的优势，推动对方做出最终的选择。

比如，有位顾客在一件红衣服和一件绿衣服之间徘徊考虑了大半天，一直没有想好应该买哪一件。这个时候，销售者可以帮忙使一下劲："两款衣服都很出色，但是左手边的这款绿衣服是今年的爆款，现在也只剩这一件了，难得的是和你的身材很相配。"顾客听完之后，原本还摇摆不定的天平往往会立即向绿衣服那边倾斜。

——面对乐于自我表现型顾客

许多顾客在购物时，有自己的想法，喜欢给产品提建议和意见。他们健谈、热情，喜欢大家都围着自己转。面对这类顾客，销售者要做的就是多倾听对方说话，从中掌握更多的信息。当顾客给出相应的意见时，尽量少去反驳。比如有的顾客在购物时，会直接谈论自己的挑选标准，并给产品提出一些建议。销售者此时要认真倾听，并适当给予赞美："看得出来，您是一个有想法的人，下一次我也尝试着按照您的建议去挑选货物。"这样，顾客可能就会对销售者产生很好的印象。接着，销售者可以推销自己的产品："我这里有一款产品，虽然未必完全像你刚才说的产品那样好，但看上去和你非常搭，要不要试一试？"获得认同和赞美的顾客，可能会买下这个产品。

——面对理性克制型顾客

不少顾客进店后不爱说话，对销售者的热情介绍也反应冷淡，不会轻易被说动。这些顾客往往理性而克制，有自己的思考方式和挑选流程，他们对于产品的细节非常看重。所以销售者在面对这类顾客时，必须更多地提供一些细节信息，尤其是那些涉及优势项目的细节信息，以引起对方的关注。

比如，销售者在谈到自家羽绒服的优势时，可以强调绒的优势："我们的羽绒服，绒毛达到了95%，羽毛为5%，我们充绒量为450克，是其他品牌的两倍。"通过细节描述，引发顾客的兴趣。

如果继续分析的话，就会发现还有一种类型的顾客也比较常见，那就是典型的"一无所知型"。这类人对自己所要购买的产品并不了解，或许是出于进来看看的心态，或者是单纯地受到他人的影响。这类顾客可能对产品的相关性能并不关心，但这并不意味着他们会任由销售者做主。相反，他们很有可能比较敏感，不会轻易相信销售者的描述。因此在面对这类顾客时，销售者要做的就是耐心引导和分析，将产品的各项功能和优势一一列举出来。然后，最好将这些优势与顾客的需求相结合，这样就可以更好地引导顾客购买。

比如很多年轻人喜欢追求时髦，经常会购买一些时髦的电子产品，但对这些产品的性能并不了解，只是单纯地被吸引住了。这个时候，销售者可以这样说："这款电子产品是今年新推出的，你们年轻人都比较喜欢。它可以作为一款社交工具，里面可以下载各类社交软件，对于喜欢社交的人来说，还是比较便利的。如果喜欢玩游戏，那么它是最合适的选择，超大而清晰的屏幕、完美的音质、炫酷的外形，还有隐藏的复古键盘。重要的是，游戏公司会赠送几款热门游戏。如果喜欢看电影或者阅读，这款电子产品还配有一个可自动调节的支架。"对于年轻的顾客来说，那么多的功能总有一个是适合自己的，或者说总有一个可以满足自己的消费需求。这样一来，说动顾客就容易多了。

其实，无论是哪一种类型的顾客，最重要的还是要懂得察言观色，在短时间内通过对对方的言行举止进行观察，了解对方的性格与消费习惯，然后有针对性地做出引导，保证双方交流的默契度。

主动去了解顾客的反馈

严格来说，一个完整的销售流程应该包含产品营销和客服环节，但是其中的客服环节很容易被销售者忽略。而究其原因，在于很多销售者会认为只要将自己的产品卖给顾客就算彻底完成了销售工作。但这种想法其实是一种短视行为，也是一种不负责任的行为，因为销售者还需要对顾客的消费体验负责，毕竟顾客的体验决定了市场的反应：顾客在购买产品后，需要体验产品的性能。如果产品的性能出色，证明了产品非常受欢迎，他们有可能会成为回头客，而销售者也可以继续扩大生产和营销，争取扩大市场份额；如果顾客对产品有什么建议和意见，就意味着产品还可以继续改进。一旦售后对顾客置之不理，不仅会损害顾客的利益和忠诚度，也会影响销售者对市场的判断。

举一个简单的例子：很多水果店出售新鲜水果给周边的用户，但是很多水果店只负责出售水果，对他们而言，只要有人买水果，自己就有订单，从来不关心顾客是不是对自家的水果满意，也从来没有想过自己的产品是否有什么问题。一旦真的存在一些问题，顾客会很快对水果店失去信任，并且不再过来购买水果。

而一家水果店，如果每天都会问顾客对自家水果的评价，比如："您是本店的老客户吗？您对店里的水果是否感到满意，有没有什么建议和意见？"这种互动交流和服务模式，会让店家在第一时间了解顾客的想法。店家可以了解自己的产品是否获得了顾客的认同，是不是需要增加更多的品种以及需要增加哪些品种，可以知道自己有没有必要再开一家分店，可以弄清楚自己需要做好哪些服务措施。及时了解顾客的反馈可以帮助店家更好地经营生意。

对于销售者来说，及时了解顾客的反馈，可以让自己的生意更加持久，让自己的品牌更具影响力。而想要了解顾客的反馈，往往需要建立良好的服务平台和反馈机制，让顾客可以将消费体验和产品评价反馈回来。此外，就是要主动与顾客沟通，询问顾客的体验和想法，而这种主动寻求反馈的模式往往需要建立在出色的沟通能力基础上。

一般来说，可以从四个方面入手：

第一个就是询问对方体验产品和服务的感觉。这是最常见的一种咨询方式，也是最能够直接了解顾客对产品和服务的态度的一种方法。具体来说，销售者可以直接提问："您在使用我们的产品之后，有什么感觉？"也可以直接让对方谈论一下对产品的评价。比如，很多新开张的商店或者新营业的工厂，就经常会使用这种提问的方式来了解自家产品的基本状态，了解市场对相关产品和服务的反应，并以此来判断自己在市场上的定位。

第二个是让对方谈论自己产品和其他竞争产品的区别。这种沟通模式主要是为市场竞争收集信息，销售者需要了解自己的产品在面对竞争对手时的表现，有什么优点和弱点，应该如何扬长避短，以赢得更大的市场份额。一般情况下，销售者可以引导顾客谈论一下日常的消费，问对方平时都会购买什么产品，让对方聊一聊之前使用过的各种产品，对比一下各自的优劣。这种对比可以帮助销售者更好地进行市场分析，了解产品在市场上的竞争力，并更好地做出调整。

常见的对话模式有：

——"你以前使用过其他产品吗？能说说有什么不同吗？"

——"我知道市场上有很多其他的产品，你觉得哪些产品比较适合你？"

第三个是鼓励顾客给出指导性的建议和意见。这是自我完善的一个关键步骤，销售者需要主动征求顾客的想法，询问他们对自家的产品有什么要求和期待，让他们指出产品和服务的不足之处，让他们给出一些改进的措施和建议，以及渴望获得什么新的功能，希望得到什么样的服务。尤其是一些回头客，一定要鼓励他们多给出一些建议和意见。有必要的话，销售者可以给予一定的激励，引导顾客说出一些不足之处。

销售者可以主动发出邀请：

——"公司一直在改善自己的产品和服务，希望您可以参与其中，给出一些宝贵的意见和建议。"

——"我们一直致力于为您提供更出色的服务，如果您对本产品有什么要求，可以及时告诉我们。"

第四个是鼓励顾客说出解决问题的方法。简单来说，就是顾客在消费过程中遭遇了一些不愉快的经历，或者没有获得相应的服务。比如当顾客购买的产品是次品，或者顾客在消费的时候遭遇了一些不公平的对待，这个时候，销售者可以直接找到顾客，请顾客谈一下他的要求，给出一个解决问题的方案。

通常情况下，销售者可以这样说：

——"对您的遭遇，我感到很抱歉，您可以提出自己的补偿要求，我们会想办法给予满足的。"

——"听说您和我们的业务员发生了一些争吵，在此深表歉意，并希望您可以给出一个妥善的解决方案。"

无论是哪一种方式，本质上都是信息的收集，了解对方的想法和需求。对于销售方而言，这些反馈机制有助于自己更好地管理市场，有针对性地给出开拓市场的方法。而对于顾客来说，这种反馈机制会更多地赢得他们的认同。因为这会让他们感觉自己受到了尊重，感觉自己的利益受到了保护，因此对相关的品牌和产品更加信任。

第五章

销售讲究的就是心理战术

激发消费者的责任感

　　人是情感的集合体，丰富的情感和严格的社会规则，使得人们愿意在个人情感、思想以及社会规则的指引下行动。责任感是一种情感、思想和规则的混合产物，它可以体现出个人较为复杂的一种社会属性，而这种属性往往可以决定个人的行为。在销售工作当中，如果可以调动顾客的责任感，巧妙地将其融入销售工作中，就可以顺利引导对方按照自己的节奏去实施消费行动。

　　激发责任感其实并不难，最重要的是找到对方所扮演的社会角色。每一个人实际上都有属于自己的角色，而且往往扮演着好几种角色。比如在家里，他的角色是儿子、丈夫和父亲，具体的职责就是保护好家人，为他们提供更高质量的生活；在公司里，他可能是上司、下属、同事，是部门内的责任人，是维护团队利益的人，是合作方的客户；在社会上，他是一个普通的公民，拥有维护社会良好环境的义务和为社会做出贡献的职责。

　　每一个人在不同的圈子里都会扮演一个不同的角色，而恰恰是这些角色让他们必须承担起相应的责任。销售者要善于挖掘和塑造顾客所扮演的角色，激发对方身上的责任感。通常情况下，销售者会挖掘顾客的信息，通过观察和聊天来了解顾客所扮演的角色。

比如某饮料品牌对外进行促销活动，促销员对围观的人说道："我们这一次活动具有公益性质，每购买一瓶饮料，就为留守儿童捐出一分钱，你们感兴趣的话可以来看看。"在这里，促销员就有效地将过往的路人当成了具有社会责任感和公益精神的公民，他的话有助于激发那些潜在顾客的社会责任感，促使其购买饮料。

某洗涤品牌的销售者在向男士推荐洗洁精的时候，这样说："你看，女人做家务那么辛苦，而且还要天天洗碗，要是洗洁精不合格的话，手上的皮肤会变皱，还很容易蜕皮，而这款洗洁精非常柔和，不会伤手。"保护妻子是做丈夫的基本责任和义务，因此他可能觉得有必要购买一款不伤手的洗洁精，帮助妻子远离伤害。

一个在学校门口卖烤地瓜的人可能会这样告诉家长："我很小的时候，爸妈每次来接我放学，都会给我买一个烤地瓜，怕我冷着。"对那些接孩子放学回家的家长来说，冬天天气那么冷，孩子可能真的会冻着手。买一个烤地瓜放在手上，解馋又暖手，孩子肯定喜欢，而避免孩子受冻的责任感可能会督促他们购买烤地瓜。

为了更好地激发顾客的责任感，销售者可以掌握一些基本的沟通技巧，比如加大情感输出，以情动人；利用一些情感软肋进行提醒和引导，让对方更好地意识到自己肩上的责任和担子。在过去很长一段时间，卖保险的业务员在推销产品时，都会讲述一个煽情的故事，以此来帮助顾客建立并强化购买保险的意识，从而顺利展开自己的业务。

其实，责任感的激发本身就带有强烈的刺激和情绪上的调动，具有较为明显的情感引导和刺激作用。但仅仅依靠情感是不够的，最好还要将个人的消费行为上升到更高的生活高度，确保顾客可以从中找到彰显自我价值、完善个人形象的机会。简单来说，销售者应该暗示顾客怎样做才会带来个人形象的提升。

举一个简单的例子：当顾客表态自己不喜欢穿牛仔裤时，销售者可以趁机表扬顾客的行为，将其引入自己设定的棉质产品上来："我非常认同您的选择，有可能的话，还是选择棉麻制品更好。"经过一番夸赞，顾客的行为和思想被拔到一个较高的层次上，这个时候，顾客内在的责任感被激发出来了，便很有可能顺着销售者的提醒，购买棉麻制品的衣裤。

还有一种沟通技巧是巧用对比。在很多时候，之所以很难激发顾客的责任感，主要在于缺乏一个相比较的对象。只要帮助顾客找到一个参照和比较的对象，就可以更好地激发顾客的积极性和自觉性。比如销售者可以这样说："我认识一个人，工作很忙，很少有时间陪孩子，孩子的成绩不太好，但他自从来我这里购买这款点读机，孩子喜欢上了学习，成绩提升很快，而且人也变得自信了很多。"经过对比，顾客可能也会产生类似的想法："我也没有时间陪孩子、教孩子，也许我也应该给他买一个这样的点读机，像其他孩子的父亲那样合格。"

在激发顾客责任感的时候，销售者更应该从情感等方面入手，但一定要注意一个原则，那就是不能为了激发责任感，而给对方施加一些道德上的压力，甚至直接进行道德绑架。销售者不能传递这样的信号："这样做就是责任感的体现，如果没有这样做，就是不负责任的体现。"

比如，现在火爆的新能源汽车，销售者可以从环境保护的角度进行营销，强调大家都为环境保护出一份力，这样可以激发顾客保护环境的公德心。但销售者如果强调"现在还在买燃油车的人，就是在破坏环境，就是在剥夺子孙后代享受美好环境的权利"，就会在无形中进行道德绑架，会让顾客觉得尴尬和不满。顾客选择燃油车和新能源汽车的权利被剥夺了，而且还会背负沉重的道德负担。因此，销售者在激发顾客的责任感的同时，应该注意维护他们的自尊心，要让对方自发地产生责任感，而不是让对方背负道德压力，从而被迫采取行动。

转移决策权，让顾客无处发力

在销售活动中，销售者与顾客之间的交流不仅仅局限于对产品性能的探讨，还在于讨价还价，在于对各自利益诉求的探讨。为了满足自己的利益诉求，某一方可能会使用一些谈判策略，向对方施加压力，其中比较常见的一种模式就是转移决策权。当对方不肯满足自己的利益诉求时，这一方的人就会告诉对方："对于您提出来的要求，我做不了主，必须向真正的决策者请示一下。"

比如，很多顾客在购买产品时，发现销售者一直不肯降价，或者发现对方给出的价格没有达到自己的心理预期。这个时候，他们可能会向销售者摊牌："我不确定领导是否接受这样的报价，我必须问一下他们。"类似的决策权转移行为，往往会让销售者陷入被动，他们会发现自己之前所做的谈判开始丧失威力。由于顾客给销售者塑造了一个新的谈判对象，这个时候，销售者如果想要完成交易，可能就要被迫做出一定的妥协。

其实反过来说，销售者也同样可以运用这样的技巧与顾客谈判。当双方在某个价位上争执不下，或者因为某个诉求而陷入僵持的时候，销售者也可以这样告诉顾客："对于您提出来的要求，我不能自己做主，必须请示一下我的领导。"这样，销售者就可以适当为自己争取到一些主动权。

为什么销售者转移决策权后，可以产生这种作用呢？原因就在于：当顾客发现销售者掌握着最终的决定权时，他可能会意识到只需要说服销售者就行了，一旦销售者在谈判中点头同意顾客提出来的条件，那么这笔交易就可以快速完成。可是如果销售者告诉顾客"这件事，我不能做主，必须向上级领导请示"，情况就会变得不同，顾客往往会给出一些让步，愿意迎合销售者的一些要求。因为他们相信只要说服了对方，只要提出了一些让对方更容易接受的要求，那么对方一定会积极游说上级领导，促成这笔交易。

假设顾客打算购买一件羊毛衫，他的理想价位是270元，最好不要超过300元，而销售者则希望这件羊毛衫可以卖到400元（标价也是400元），在和顾客砍价后，售价最好不要低于300元。当双方讨价还价的时候，顾客坚持把价格压到300元以下，并且声称这是自己的底线了，如果再提高价格，自己将失去购买的兴趣，这让销售者感到压力重重。

面对这种情况，销售者绝对不能告诉对方："好吧，我们的价格不能低于350元，这是我给出的最低价了，如果价格再低，我只能放弃出售这件羊毛衫。"这种表态只会让双方都下不了台，导致交易最终失败。更聪明的做法是，告诉顾客："我也希望出售给你，因为我会得到出售这件衣服的提成，但300元的价格不是我能够决定的，我需要打电话向店长请示，而且我不确定店长是否会接受您给出的价格。"

当销售者将最终决定权转移到更高领导那儿的时候，就意味着顾客之前的策略已经失效，因为他之前的所有谈判策略都是针对销售者的，且自认为有很大把握说服销售者，可是在关键时刻，他却发现销售者不是最终的决策者，这会让顾客产生挫败感。为了确保自己可以以一个相对优惠的价格获得这件衣服，他也许会适当做出让步："好吧，我想大家都应该退一步，这样吧，我最多只能接受320元的价格，高于这个价格的话，我立即离开。"最后，销售者可以进入房间内打一通电话，然后大概率会以320元的价格出售这件羊毛衫。

这种非常实用的沟通技巧，关键在于将自己从冲突的核心地带移出来，令顾客无从发力，尤其是考虑到这个幕后的决策者并不在现场，顾客的所有努力都会因为缺乏一个明确的对象而失去威力，这对销售者来说是非常有利的。

当然，并不是所有的转移决策权都可以产生这样的效果。销售者想要说服对方，就要掌握好节奏和时机。比如销售者不能一开始就强调："我做不了主，价格不是我能定的。"对方可能会因此丧失购买的兴趣，或者直接让销售者找来领导。最好的转移决策权时机，应该是在双方经过多次谈判和交流形成僵局的时候。此刻，双方都比较敏感，都希望快速掌握主动权，而一方转移决策权就会瞬间改变局势，让自己获得更大的主动权。

当销售者与顾客的分歧比较大的时候，销售者可以尝试着利用谈判来缩减差距。比如，顾客坚持出价20元，而销售者坚持要价23元，这个时候，双方的分歧比较大，销售者想要让对方接受自己的要价，不能急于转移决策权，毕竟面对3元的价差，顾客不可能轻易妥协。因此，销售者应该先争取谈一谈价，将分歧缩小一些，比如争取让对方改口："好吧，我只能接受21元的价格。"销售者也可以适当退一步，给出22元的要价。很显然，22元与21元的价格差距不大，双方都有信心说服对方做出让步。这个时候，销售者亮出"我要问一问老板"这个"撒手锏",顾客可能就会妥协。

还有,转移决策权并不意味着完全逃避责任,销售者仍需适当保持迎合的姿态,扮演好一个合格的中间人和传话者角色,让顾客意识到自己可以帮他说一说好话。比如,销售者可以这样说:"我可以帮你问问。"或者:"我也希望能够和你做成生意,不过我不确定老板是否愿意接受你的意见。"如此表态,无疑会缓和双方的矛盾。

其实,想要熟练运用这一方法,就需要对顾客的需求有一个更为明确的了解。如果顾客非常迫切地想要得到这件商品,他一定会在谈判中表现得很积极,并且会不断施加压力;如果顾客处于可要可不要的状态,销售者就要适可而止,只要交易有利可图,就可以快点出手,卖掉产品。盲目转移决策权,可能会直接让对方放弃购物。

侧重刺激客户的损失敏感心理

某公司派出两个销售代表和客户谈合作,为了说服客户,两个销售代表不得不卖力推销自己的产品。

第一位销售代表这样说道:"我们最近推出了一款产品,性能非常强大,目前在市场上还没有同类型的产品出现,相信这款产品可以有效提高贵公司的市场占有率,也许这个市场份额高达15%,我想也许你们会获得市场领先的机会。"

客户听了几分钟,并没有立即表态,而是强调再看一看。他们并没有觉得这款产品会真正带来什么改变,也没有在意销售代表的话。

第二天,第二个代表询问客户的想法和态度,客户依旧没有明确表态,认为自己还需要再考虑一下。这个时候,这个销售代表说道:"我们的这款产品无论是质量还是性能都有很大的突破,目前市面上并没有任何产品可以形成直接的竞争,这是一个巨大的优势。我想,对于任何一家公司而言,错过了这款产品,可能意味着最多失去15%的市场份额,以及市场领先的机会。"话说完之后，客户思考了大约5秒钟，同意了购买这款新产品。

同样都是劝说客户购买产品，为什么两个销售代表的表达效果会不同呢？原因就在于说话的方式：第一个销售代表为了说服客户，强调的是如果购买产品将会获得什么；而第二个销售代表为了说服客户，强调的是如果不购买产品将会失去什么。乍一听，这似乎没有什么太大的区别，但从心理学的角度来看，两种表达方式的效果具有很大的差别。

心理学家发现一个现象：相比于自己会获得什么收益，人们通常会更加关注自己会遭受什么损失。比如，一个人获得1000元带来的愉悦感和满足感，其强度比不上丢掉1000元带来的悲伤和懊恼，而这就是著名的"损失敏感效应"。科学家在采用认知神经科学的方法探究损失敏感效应的潜在机制时，发现它是一种与生俱来的心理特性。科学家对那些参与赌博的人进行研究，发现赌博者在面对赌博任务中的收益和损失时，脑区的纹状体和腹内侧前额叶皮层都会被激活。但是当赌博者意识到自己将要输钱时，两个脑区的激活程度明显大于获得收益时的激活程度。美国普林斯顿大学教授卡尼曼和特沃斯基在20世纪70年代提出的"损失厌恶心理"，其实就是一种损失敏感效应。后来，有科学家进行了一项实验，结果发现当面对等价的收益和损失时，损失所带来的负效应达到了等量收益所带来的正效应的2.5倍。

不仅如此，人们对于自己将会获得的收益往往持低估的心态。也就是说，他们会保守估计自己的所得所获。而在面对自己的损失时，他们会习惯性地高估损失，即夸大自己的损失。比如当人们做成某件事，可能会增加20%的收益，这个时候，他们可能会想"也许我能增加15%的收益"，而一旦自己遭遇失败，他们可能会担心个人收益减少50%。又如，一位职员在接下某项任务之后，可能会想：如果顺利完成任务，也许领导会给自己加薪25%；如果失败，领导可能会开除自己。

损失敏感效应在日常生活和工作中很常见，而这个效应之所以会产生作用，主要和人内心的不安全感有关。每个人都害怕失去，这种心态会让他们产生一些心理负担。在销售工作中，销售者也可以把握顾客的损失敏感心理，引导对方接受自己的产品和服务。销售者在推销产品和展示产品价值的时候，需要重点强调顾客不购买产品将会失去什么，而不是强调购买产品将会获得什么。比如，某商店准备进行商品促销，一位销售者直接告诉顾客："本周，我们店里推出优惠活动，只要在店里消费满1000元，就会获得一份价值200元的礼物。"这句话的侧重点停留在1000元的最低消费金额上，赠送礼物似乎是次要的。第二位销售者则这样说道："本店正推出消费满1000元赠送礼品的优惠活动，名额有限，希望你们不要错过这些价值200元的礼品。"对顾客来说，可能会将注意力停留在200元的礼品上。他们不希望失去这样的机会，因此很有可能会冲动地购买价值1000元的商品，即便这些商品是自己根本用不到的。

在日常生活中，很多人常常会因为担心失去赠品而冲动购物。他们可能会为了赠送的一条围巾而购买一整套昂贵的服饰、为了一套赠送音响设备而购买一辆豪华汽车、为了一碗赠送的羊汤而花费一大笔钱购买一桌大餐，却忽略了购买这东西是不是划算，是不是自己所需。之所以会这样，就是因为他们的损失敏感心理被销售者抓住了。

在对顾客损失敏感心理的把握和利用上，销售者其实还有一种常见的方法，那就是想办法制造沉没成本，并利用沉没成本引发顾客的损失敏感心理。比如说买房，当售房者说服顾客买房后，顾客会先缴纳一部分定金。一旦顾客想要反悔，销售者就会这样提醒道："我尊重你的决定，但如果现在放弃，那笔定金就被浪费掉了。"听了这番话，顾客往往不会去考虑自己可能会因为买房而亏损几百万元，而会对一万元的定金耿耿于怀。对于很多顾客来说，一旦销售者强调了沉没成本带来的损失，他们可能会因为这些损失而放弃及时止损。正因为如此，对于销售者来说，有时候只要转变思维，更多地提醒顾客将会失去什么，就可以促成对方按照自己的引导去完成消费。

合理使用红白脸策略

一位公司的老总与客户进行商谈,表示愿意以 5 元的单价提供 20 万件产品。但客户只接受 4 元的单价,双方的分歧比较大,一时之间谁也无法说服谁。面对客户坚决的态度,老总说道:"你提供的报价和我们公司开出的价格有较大的差距,我还是先请示一下我的合伙人,看看他的意见。"

第二天,合伙人主动给客户打去一通电话,双方再次谈论了价格,依然没有达成一致。这个时候合伙人有些生气地说:"你开出的报价对我们简直就是一种伤害,公司基本上没有利润了,这是我个人根本无法接受的,我只能选择放弃这次合作的机会。"

过了几天,客户约老总出去见面,双方再次谈到了这一份未签订的合同,客户还是希望老总可以降低报价。这个时候,老总乘机说道:"要么这样吧,我愿意以 4.8 元的单价出售产品,如果您还是不同意,那还是和我的合伙人去谈吧!"客户一听,知道合伙人是个强硬派,于是立即点头同意以 4.8 元的单价购买 20 万件产品。就这样,老总最终获得了这份订单。事实上,最初老总和其合伙人约定的售价是 4.5~5 元，老总明显实现了预期目标。

在这个案例中，老总在销售产品的时候，明显使用了"红白脸策略"，即刻意安排一个白脸和一个红脸的角色。其中，唱白脸的人往往会在谈判中采取强势的进攻姿态，不断给对方施加压力，不断制造谈判的难度。相比之下，唱红脸的人大都选择以温和的姿态与对方进行沟通和交流。他们会耐心听取对方的意见和建议，会温和地表达自己的观点，避免与对方发生激烈的冲突。一般来说，单独使用白脸策略时，会导致对方产生反感和对抗心理，且一旦操作不当，就可能会激化矛盾。而单独使用红脸策略时，又会因为太过于温和，而无法给对方施加足够大的压力，这样不利于达到自己的目的。只有同时使用这两种策略，或者说紧密配合使用这两种策略，才能够更好地引导对方按照自己的意愿行事。

红白脸策略是销售策略中的一个常用方法，主要是在买卖双方产生分歧时使用。通常的做法是沟通者先让自己保持温和的姿态，这样方便和对方进行交流与沟通，缓和彼此之间的矛盾与分歧。当双方在交易上难以达成一致时，沟通者会立即寻找一个态度强硬的伙伴。这个帮手会提出更加苛刻的条件，向对方施加压力，使对方继续回到沟通者设定的谈判桌上。这个时候，沟通者会告诉对方："如果我们之间无法谈拢，那么我只能让我的伙伴找你谈了。"经过前后对比，对方自然会选择更好说话的沟通者，并作出妥协。

在销售中，销售者往往会寻找一个态度强硬且具有更大压迫感的帮手来施加压力，并借助这种压力来强化自己的影响力。事实上，两个不同角色之间的鲜明对比，往往会引导消费者和顾客倾向于选择靠近唱红脸的人。

在使用红白脸策略的时候，一定要注意一些细节：

首先，要把握好度。无论是唱红脸还是唱白脸，都要适可而止，拒绝使用威胁意味比较浓的词汇和句子，诸如"如果你不同意我的观点，就让我的伙伴撤销这一次合作""我的朋友可不像我这么好说话，我敢打赌你不希望同他谈""我已经做了那么多了，你执意不肯让步，只能让别人和你谈了，但我不敢打包票会不会发生其他什么事情"这一类话，要避免说出来。

销售者应该采用一些更加温和的口吻和顾客沟通，比如说："很遗憾没有和你谈拢，我会安排同伴和你继续谈的。""我不确定他会不会做出让步，希望你们聊得愉快。"或者也可以这样说："我还是希望和你继续谈下去的，当然，如果有需要的话，我会让合伙人同你谈。"又或者可以这样说："我已经试着在说服我的合伙人了，但我不确定他是否愿意接受那么大的让步。对他来说，这不是一个可以轻松做出的决定。"

其次，销售者要注意把握准确顾客的情绪，控制好谈判节奏。在顾客还没有表现出强硬的姿态之前，不要急于搬出扮演白脸的角色给其施加压力。红白脸策略之所以能够起效，关键在于对顾客情绪变化的掌控。当双方仍旧有较大的谈判空间时，最好继续按照当前的状态去谈判。只有当双方谈判陷入僵局时，才动用白脸这张底牌。

在整个谈判的过程中，销售者要注意随时观察顾客的态度，注意观察顾客的行为，然后在对话时不断引导对方，并按照局势发展做出应对措施。比如听清楚对方说话的语气，了解对方的神态，弄清楚整个谈判的进程，然后有针对性地做出调整。

最后，还有一点也很关键：红白脸策略之所以能够产生作用，有一个基本的前提条件，那就是顾客对产品感兴趣，有购买意向，只不过是因为对产品的价格或者相应的购买条件不满意，才形成了一种想要购买但不肯妥协的局面。所以如果销售者想要利用这个策略来说服对方，首先要做的就是引起顾客购买的兴趣，并且要不断强化这种兴趣。

总的来说，销售者使用红白脸策略，应该在坚持自己的原则时，尽可能淡化彼此之间的矛盾，避免自己和对方正面起冲突，同时积极给对方制造压力，以此来实现自己的目标。

借助配套效应，刺激顾客的消费欲望

丹尼斯·狄德罗是 18 世纪法国著名的哲学家。有一次，好朋友送给他一件名贵的酒红色睡袍。穿上这件睡袍后，狄德罗觉得很开心。但不久之后，当他站在家具面前自我欣赏时，他发现家具太老旧了，实在有些配不上自己的一身穿搭。于是，他决定换掉这些家具。

在购买了更新更贵的家具后，狄德罗觉得很踏实，想着自己可以更舒服地穿着睡袍在室内办公。可是过了两天，他又觉得房间里的窗帘、地毯、摆饰都有些落伍了，和睡袍也不搭，甚至影响了自己的心情。于是他又花了很大一笔钱，将房间里的旧装饰都给换掉了。

当狄德罗走进装饰一新的房间里，心情很舒畅，但很快他就陷入沉思：自己为了一件睡袍，竟然将整个房间重新装修了一番。很明显自己被一件睡袍彻底挟持了，他不由得感到羞愧。

美国哈佛大学经济学家朱丽叶·施罗尔注意到了发生在狄德罗身上的事情，然后提出了一个"狄德罗效应"。这个理论主要是说，当人们获得某件东西后，原有的适应系统会发生改变。为了实现内心的平衡，人们在拥有了这件新的物品后，需要不断配置、增添与其相适应的物品。

配套效应和人们内心不断膨胀的心理需求有关，而对于销售者来说，最重要的就是引导顾客产生更多的需求。比如一个顾客原本打算购买一件普通的衣服，但是销售者可以重点介绍一款偏贵的流行衣服，并告诉顾客这是今年最流行的款式，深受市场欢迎，穿起来也很有型。当顾客穿上这件偏贵的衣服之后，销售者就会重点推荐裤子和鞋子之类的产品。销售者会强调："你的衣服很好，但裤子不是很搭配，我们这里有一款非常不错的裤子，和衣服搭配起来会非常好看，你可以试一试。"

当销售者强调是否配套的问题时，顾客的注意力会从原先"购买一件好衣服"，转移到"如何找一条与衣服搭配的裤子"的问题上，并纠结于会不会因为搭配问题而导致自己购买的新衣服被浪费掉。这样一来，顾客常常会被销售者打动。

先推荐自己的产品，再推荐与之配套的产品，这就是销售者惯用的销售模式，这个模式的关键在于逐步刺激顾客产生新的需求。事实上，很多时候，销售者容易陷入静态思维当中。简单来说，就是静止地、孤立地看待顾客的消费需求和消费行为。在他们看来，顾客原本是来买衣服的，那么自己只要将衣服卖给对方就行了，而不会发挥自己的主观能动性，激发顾客其余隐藏的需求。聪明的销售者，往往会借助配套效应来挖掘顾客的需求，从衣服联系到裤子，再联系到鞋子、领带、皮包之类的产品。

想要打破静态思维，就要建立新的动态思维系统，即相信顾客肯定还有其他的需求。只要不断深挖对方的消费需求，销售者就可以找到销售的突破口。当销售者对顾客的消费需求有了更新的认识，他们在销售工作中往往会变得更加主动，也更愿意寻求不同产品之间的联系，找到与所出售产品相配套的产品，或者创造产品之间的关联性。想要实现配套，就要充分发挥销售者的表达功力。

比如销售者向顾客售出一件衣服后，可以这样说："你的衣服是今年最好的款式，要是配上一条裤子就更好看了。现在买套装有折扣，你可以试一试。"裤子和衣服之间的配套比较直接，往往很容易想到，而且顾客也相对容易接受。

如果是联系不紧密的产品，那么想要创造需求，就需要主动在不同产品之间建立起更强的连接。比如销售者向顾客出售了一件西服，如果还想要出售给他一款手表，可以这样说： "像您这么优秀的人，完全可以搭配一款沉稳大气的手表，它可以衬托出您衣服的与众不同，让它变得更具风格。"

如果销售者还打算出售一款休闲风的背包，可以这样说："正如我刚才所说的，您购买的西服本身具有多重风格。你看，这是我们公司新推出的一款包，背在身上，搭配您的衣服，就可以展示出商务的特质。如果将背包提在手上，就可以显示出手表的休闲风。"

顾客的需求不是一成不变的，只要肯挖掘，总可以找到配套的产品。还有一种比较高明的销售模式，那就是先使用赠送产品的方式拉拢顾客，然后针对免费的产品进行配对，以此来推销其余的产品。比如很多卖宠物狗的人，会拉住顾客，然后告诉对方："感谢你光顾我们的宠物店，为了表示感谢，店里免费送您一个狗笼。"当顾客收到狗笼后，销售者可能会劝对方买一只可爱的小狗。为了发挥狗笼的价值，顾客可能会被打动。当买了小宠物狗之后，销售者还会继续推销自己的狗食，会推销其他的小狗做伴，会推销自己的宠物狗清洗装扮服务、疫苗注射业务，会推销自己的宠物培训课程和帮带服务。到最后,顾客会发现,自己会因为一个免费的狗笼子而购买一大堆服务。

其实,无论是哪一种配套方式,一定要注意循序渐进,不能一下子就将一大堆的产品和配套服务摊给顾客,而要逐步说服对方,逐步建立产品之间的联系,从而获取顾客的信任。

从简单的小要求开始，逐步提出更高的要求

美国著名的心理学家恰尔迪尼在 1975 年做过一个著名的试验。当时他正在帮慈善机构做募捐，一开始他对路人这样说道："请你捐一下。"可是大部分路人并没有捐款。在他们看来，这样的募捐每天都会出现，自己捐款太多的话是一个负担，而且万一是骗子怎么办？如果捐款太少，又实在拿不出手，路人根本不知道自己应该捐多少才合适。

看到募捐效果并不好，恰尔迪尼改变了策略，他在募捐时对路人说道："谢谢您捐款，哪怕只是捐一分钱也很好。"结果，这一简单的改变直接让募捐的钱增加了两倍，许多人还进行了多次捐款。

为什么会出现这样的状况呢？

恰尔迪尼经过分析，得出了一个重要的结论：提出小的要求往往更容易被人接受。当小要求得到满足之后，提出更大的要求更容易被对方接受。恰尔迪尼认为，在人际交往中，如果想要获得对方的帮助，或者想要让自己的需求得到满足，可以先提出一些小要求，然后逐步提升自己的要求，最终达

到自己的目的。

在心理学上，有一个层递效应，就是说人们想要让对方接受自己提出来的大要求，可以先从提出小要求开始。在销售工作中，这种方法也比较有效。比如销售者为了推销自己的沙发组合套装，可以先从单一的沙发座椅或者茶几说起。相比于销售整套沙发，单一的沙发产品无疑更加容易销售出去。而当单品销售出去之后，可以尝试着出售一些小的沙发组合，最后慢慢升级到整个套装。

在服装销售中，也经常会出现类似的场景：

销售者一开始会尝试着吸引顾客："先生，来看看我们店里的新款衣服吧！您可以试穿一下，不买不要紧。"

当顾客进店试衣后，销售者会这样说："您看，衣服还是非常合身的，和您的气质特别搭，要不要考虑买一件穿穿，价格也不贵，现在还有优惠活动。"

顾客被说动后，销售者又开始进一步推销："目前我们店里还有很大的优惠活动，买两件的话打折，还赠送一条领带。优惠活动过两天就没了，昨天已经有四位男士享受了这一次优惠活动，我先生也买了两件衣服。"

顾客想了想，反正都准备买了，不妨再花一点钱一次买两件。当顾客打算购买之后，销售者又会询问："您还有什么需要吗？要不要看看鞋子，最近来了一批新款皮鞋，现在买最合适。"

在销售活动中，从小的产品销售开始，循序渐进，这是一个非常高效的销售方式。因为顾客本身具有一定的防备心，他们会谨慎应对销售者的推销行为。在他们看来，任何过度热情的销售表现都值得警惕。试想一下，如果销售者一口气向你推销其衣服、裤子和鞋子，你会不会觉得对方是狮子大开口？而且他们会这样想：如果该品牌的商品不好，那么损失就会很大。而尝试着循序渐进推销的话，他们可能不会这样去想。

层递效应之所以会产生作用，往往是因为和另一个心理学原理相关，那就是"承诺一致"原则。当顾客购买某件产品之后，意味着对该品牌的认同。这个时候，当销售者继续推销产品的时候，顾客的防备心理和质疑态度会被削弱，他们会继续保持认同的姿态，不会对销售者提出一些要求或产生抗拒心理。比如很多店家在出售产品时，会先让顾客尝试一下，顾客可以在店里当场使用。接着销售者会建议他们先试穿衣物一天或者免费试用某个电器两天，然后将使用后的心得反馈给商家。这种要求其实并不过分，而且很多顾客也愿意免费尝试。可是一旦尝试之后，销售者会建议他们买下产品。此时的顾客就容易受到承诺一致原则的影响，买下这些产品，因为在他们看来，自己之前的尝试就是一种购买承诺。

对于销售者来说，这种慢慢提要求的方式，相对比较温和，也更容易被顾客接受。不过这并不意味着可以随意使用这种沟通方式，销售者还是应该掌控好对话的节奏，把握销售的时机，选择在合适的时机进行进一步的推销。比如当顾客接受第一个小要求并感到满意的时候，销售者才可以趁机提出第二个要求；又如销售者需要注重引导，针对第一个小要求进行分析，感谢顾客的配合，同时夸赞顾客在之前的体验中的出色表现，并强调顾客在体验中的收获，以此来打动顾客。

需要注意的是，当顾客识破这种技巧，并表现出不耐烦或者不满的情绪时，一定要立即停止推销，转而通过闲聊的方式分散其注意力，成功地将矛盾转移出去。这时，销售者不要急于立即提出所有的要求，如有必要的话，可以建议顾客选择分期进行。比如在今天让顾客试衣服，可以建议顾客明天来试一试鞋子。所有的要求可以在一个更长的时间段内执行，而不是非要在一时解决所有的销售问题。销售者可以这样告诉顾客："您今天可以穿着衣服回家，让家人看看，听取一下他们的意见，明天您可以带着他们来店里挑选合适的裤子和鞋子。"这样说不仅可以有效推销其他更多的产品，还可以方便与顾客建立二次联结的机会，使得对方变成回头客，并有机会让对方带着家人、朋友来消费，可以说是一举多得。

让第三方赞美自己，避免自卖自夸

在开展销售工作的过程中，对于产品、对于品牌的赞美往往是不可或缺的，销售者需要通过赞美来强化顾客的印象。但赞美本身需要技巧，如果处理不当很容易产生一些负面影响。比如当销售者对自家的产品进行赞美时，稍不注意就有自卖自夸的嫌疑。顾客会认为这种赞美掺杂了太多的主观因素，只是一种营销手段罢了，并不可信。

事实上，顾客对于销售者的质疑是一种常态化的表现。销售者想要通过赞美来赢得顾客的信任，需要淡化自己在这一层关系中的影响力。最好的办法就是让第三方帮自己宣传，让他们帮忙赞美自己的产品。这样的宣传比自我宣传更自然，也更有说服力。

这里所强调的第三方，通常指的是顾客。简单来说，就是销售者转述顾客的评价，或者强调顾客的使用体验，以此来增加产品的说服力。

甲："我们公司的产品非常受欢迎，很多顾客都在购买和使用我们的机器。相比于市场上同类型的产品，我们的产品更加安全可靠，而且生产效率更高一些。目前公司的订单已经排到几个月以后了，公司正在准备建造一家新的工厂。我想，就市场竞争力来说，没有任何一家公司的产品可以与我们的产品相媲美。"

乙："我们制造和生产的机器还是比较受欢迎的，你看，这是客户给我们发来的一封感谢信。他们在信中说，自从使用了我们公司的新产品后，企业的生产效率提高了30%，而且成本降低了40%左右。他们打算这个月再从我们这儿购买10台同款机器。"

如果对比甲和乙的表达，就会发现顾客通常更有可能被乙的话语打动，或者说他们对乙的话语更感兴趣。之所以会这样，一个重要原因就在于乙的表述似乎更加客观。乙对产品的宣传更多的是转述其他顾客或客户的观点，有效避免了"自卖自夸"的包装嫌疑。

不过想要借力第三方的评价，就要掌握一些基本的表达方法。其中，最常见的就是直接转述，比如当顾客询问使用效果如何、产品的性能怎么样时，销售者可以转述顾客的观点："我这里接待过好几位顾客，他们都说这里的产品很不错。""我对顾客做了后期的调研，大家的反馈还是很不错的。""我不能说百分之百让您满意，但顾客对这款产品的好评度非常高，不少人都当面称赞它。"转述顾客的观点和想法，无疑绕开了自我赞美的陷阱。通过将第三方的观点呈现出来，可以让当前的顾客作为参考，并以此获得更多的消费信心。

某汽车品牌经销商的老总为了招聘优秀的汽车销售者，决定亲自测试。他装扮成进店买车的路人，故意考核尚在试用期的新人。有一天，他来到旗下的一家4S店里，询问一位新来的销售者："听说你们这里的车还不错，能为我介绍介绍吗？"于是，业务员将汽车的性能、质量、服务一一做了介绍，最后这样说道："我不能告诉您，它有多么多么出色，但用过的人，都对它赞不绝口。你知道吗？就在上周，一个顾客打电话要货。事实上，在那之前两天，他才刚刚从福特经销商那儿提走了一辆车。但他听朋友们议论我们的这款新车，于是花了二十几万元来我们这里提货。"听完销售者的介绍之后，老总非常高兴，当场就决定将其转正。

除了转述顾客的评价之外，销售者也可以以产品的销量为突破口，暗示顾客非常看好产品。比如销售者可以这样说："我的很多老顾客这两天打电话过来，点名就要这款产品。""关于这款产品，我目前还有几十个订单，都是顾客提前预订了的。""我这里有不少顾客，都已经来店里消费三四次了。""在过去半年时间里，这款产品的销量远远超出其他产品，顾客每次来了就要看货。"通过突显销量的方式来呈现产品的优势，无疑会让赞美显得更加含蓄，也更加自然。这种不露痕迹的表达往往会让顾客对产品有更好的印象。

在某次电子产品展销会上，各大厂商和品牌商都在卖力地宣传自己的产品。当电视台的主持人采访他们，让他们多说一些话为自己的产品打广告时，大家都忍不住称赞自己的产品更具优势。只有一家厂商显得很另类，迟迟没有接受采访。主持人感到非常好奇，他找到这家厂商的负责人现场访问。当着电视镜头，这位负责人说道："对不起，我们刚刚接待了一个一百多人的顾客代表后援队，他们这一次是专门来支持我们参加展销会的产品的，这些都是公司的老顾客了。"结果，这段话在电视台播出之后，这家厂商的业务量在短短半个月时间内就增加了两倍，轻而易举就创下了销售纪录的新高。

赞美性的营销方式,往往需要销售者具备很高的技巧。顾客在面对一个受赞美的产品时,有时候会变得很理性,有时候又会变得很冲动。事实上,顾客很容易受大众想法的影响。所以销售者有必要借助大众的力量进行宣传,将自己与顾客之间一对一的对话转变成顾客对大众消费观点的分析和评价,而不是自己个人的评价,也不是某一个或者某几个顾客的评价。

如果对顾客的消费行为进行分析,就会发现很多人缺乏自主判断力,他们更加依赖于他人的经验和评价。如果多数人都在说某一款产品好用,他们就会坚定不移地相信这是一款可以给自己带来美好体验的产品。对于销售者来说,如何带动市场上的消费情绪很重要,如何利用这些情绪也很重要,这就是所谓的造势和借势。在销售方面,完全可以借势宣传,告知顾客大多数人的想法,告知顾客大多数人对自己产品的评价,以此来说服顾客。

借助顾客的赞美来提升产品的形象和说服力,需要注意一些问题:

——销售者对产品不要有过分夸张的描述,即便是转述第三方的话,也要注意尺度,不能明显脱离现实。

——销售者在引入第三方的称赞时,表述要自然,不能太过于刻意,这样就可以更有效地提升说服力。

——销售者在强调产品时,如果产品有什么明显的优势,就要转述顾客针对这个优势所作的表达。如果没有,就笼统地转述顾客的评价。

——销售者可以借助第三方对产品的评价来推销产品,也可以借助第三方对销售者本人的评价来推销产品,利用第三方对自己的信任

来强化顾客购买的欲望。

总的来说，销售者在赞美产品的时候，需要淡化自己的角色，尽可能让第三方参与到评价之中，借此来塑造产品和品牌的完美形象。

借助群体的力量发表演讲

唐先生是一家公司的销售代表,他奉命和几个重要客户协商合作事宜。在那之前,公司派了代表分别和这些重要的客户沟通,可是效果并不好。每个客户都有不同的拒绝理由,每个人都提出了不同的想法,这让对话显得很困难,公司的代表不得不疲于应对每一个人。

唐先生接手这项任务后,改变了原先的策略,采取了一对多的沟通方式。他邀请了 11 位经常合作的客户,然后让他们一起在会议室听自己讲述公司发展的现状和规划。结果,唐先生在阐述了内容之后,11 位客户都决定购买公司的产品。

许多人都认为唐先生一定是做出了什么更重要的承诺,或者在谈判中对顾客做了重大的让步。但事实上,除了从一对一模式变为一对多模式之外,唐先生并没有做什么调整,对话的内容也没有任何改变。那么为什么同样的谈话内容,在一对多的时候,其说服力会增加,而在一对一的销售模式中,却接二连三吃闭门羹呢?

其中有一个很大的原因就在于群体效应。简单来说，就是人们在群体中很容易迷失自我，并积极模仿他人的行为。从心理学的角度来说，很多人都缺乏明确的自我认知，他们往往要借助外界来定义自己、了解自己，并指导自己的行为。比如，很多人并不清楚自己属于什么人，也不清楚自己的表现是好是坏，他们经常会通过外界的评价来定义自己的形象。在具体行动的时候，有些人并没有一个自主制定的标准，而是寄希望于他人。他们会观察别人的行为表现，看看别人是如何做决定的，然后将他人所做的决定当成指导自己行动的决策依据。

销售者也可以运用群体效应来推销自己的产品。很多商家在促销的时候，往往会安排一些自己人充当顾客去排队，从而营造出产品卖得很好的表象，借以增强产品的说服力。还有一种情况就是：举办开放性的促销会，尽可能吸引更多的顾客，然后安排一些演说，通过这种一对多的推销方式来提高效率。

现在有很多企业在发布新产品的时候，不再像过去那样痴迷于电视广告，而是巧妙地安排一场发布会，通过发布会吸引大量的媒体和客户。当人群被聚集在发布会现场的时候，个人谈话就具备了更大的魔力。不仅仅是线下，即便是线上直播，也能够将大量的消费者和粉丝聚集起来，引导他们更频繁地互动。苹果公司创始人乔布斯和小米创始人雷军都深谙此道，并且成功吸引了大批流量。

还有一些店家，会在新产品出来后，直接搭台推销新产品，或者推出相应的折扣优惠活动，以此来吸引更多的人流，然后借势做一些宣传和促销，提升产品的知名度和品牌的影响力。

对于销售者来说，借助群体优势进行销售，是一个非常重要的方法。当然，个人的说话方式也至关重要，为了放大群体效应的作用，往往需要把握一些技巧。

首先，要提升对话的话题性，即说话的时候要懂得制造话题，将一些热点话题与自己的营销相结合起来。或者在销售产品的时候引入竞争对手，制造矛盾冲突的话题。比如罗永浩在发布锤子手机的时候，就曾碰瓷苹果手机，认为苹果手机的Siri是低智能。而苹果公司同样如此，几乎从电脑时代开始，乔布斯就经常会在发布会上吐槽其他竞争对手，从PC电脑时代的IBM，再到智能手机时代的三星公司，乔布斯每一次都善于制造话题。

事实上，群体非常乐意看到不同竞争对手之间的冲突，且冲突越激烈，他们的兴致就越高，也就越容易被吸引过来。如果销售者善于制造话题性和冲突性，就可以为自己的产品成功引流，并且更容易带动群体购买的积极性。

其次，要注意适当增加一点煽动性。一位出色的演说家，在演说的时候往往具有煽动性。他们会巧妙地掌握好充满煽动意味的词汇，恰到好处地进行情感输出，以此来感染听众，引导他们产生共鸣。比如讲一个容易调动情绪的故事时，声音要时而低沉时而高亢；表情的波动要大，必须具有引导性；多一些细节描述和形象生动的比喻，增强画面感和即视感。此外，还可以多谈论一下未来会怎样、明年会如何，更多地构建一些未来场景，激发顾客对未来的幻想和憧憬，有效提升煽动性。

不过，销售者在演说时要注意一点：不能为了煽动情绪而刻意做出一些越界的事情，或者说一些违背常规原则的话，更不能说一些违背社会主流价值观的话，要坚守自己的底线。

最后，要注意提问，让听众各自活跃思维来思考和分析。有趣的是，这类提问往往可以激发出不同的想法，加速群体内部的互动交流，最后形成一种或者多种相对统一的想法。事实上，提问也是提升话题性、激发听众积极性的一种方式，可以让销售现场的气氛更加活跃，并有助于推动产品的销售。比如提问顾客："平时喜欢购买什么类型的产品？""购买××产品后，一般会如何使用？"或者提一些容易制造话题的问题："你们谁能说一说这款产品和××产品之间的差别？"

只要掌握了以上一些技巧，就可以让个人的演说更具吸引力，提高销售的效率。需要注意的是，并不是人多就能带来销售的效率。想要充分发挥群体效应，需要满足两个条件：一个是人足够多，另一个是人处于聚集状态。只有安排更多的人聚集在一起，才能产生很好的群体效应。如果人们相隔很远，人再多也难以形成有效的互动和模仿。

美国著名的学者和演说家亨利·比彻在耶鲁大学发表演讲时说道："人们经常问我'你是不是认为，向一大群人演说，要比向一小群人演讲更有意思？'我的回答是否定的。我可以同时向12个人发表精彩演说，和我向1000个人演讲的同样精彩；只要这12个人能够围绕在我的身边，紧紧地依靠在一起，彼此可以碰到对方的身体。但是1000个人如果分散开来，每个人相隔四英里之远，那就像一间空无一人的房子那般糟糕。所以把你的听众紧紧聚集在一起，你只要花一半的精神，就能令他们大为感动。"对于销售者来说，将更多的人聚集在一起，然后提供更多互动的机会，就可以更好地发挥出群体销售的功效。

第六章

讲好销售故事,吸引顾客的注意力

现身说法，讲好自己的故事

在销售中，越来越多的销售者倾向于讲故事。美国《财富》杂志的主编托马斯·斯图尔特在《哈佛商业评论》中提出了一个观点，他认为讲故事是一种社交管理工具，销售一方可以不断给话题添加素材和一些情感色彩，从而更好地宣传品牌和企业文化，可以将复杂的问题以更加直观的、形象的方式呈现出来。那么如何才能讲好故事呢？又或者说，应该讲述怎样的故事呢？

讲故事的目的是对顾客进行"催眠"，引导他们接收相关信息。而为了更好地保证故事的说服力，最好选择说一些自己的故事。相比于其他故事，销售者讲述自己的故事更具优势：首先，故事是自己的，在构建故事框架和推进故事节奏方面更有把握，故事的整体性和顺畅性更能够得到保证。其次，讲述自己的故事可以在内容上更具说服力，细节上的把握也会更加出色。把自己的情况如实反映出来，不仅听起来更加客观真实，故事更加饱满，对顾客的影响也会更加直接。最后，个人在讲述自己的故事时，往往可以投入更充分的感情，这样就会让故事更加动人，影响力更大。

假设一个出售画作的老画家，向买家介绍一幅名为"眺望"的画作，并讲述了一个动人的爱情故事：70年前，一个小伙子和姑娘相爱，可是由于战争的爆发，年轻人毅然参军，报效国家。几年后，当年轻人回到家乡，发现女孩一家已经搬走了。年轻人四处打听，始终一无所获。几十年来，年轻人孑然一身，每天都眺望远方，等着姑娘回来。

这个爱情故事很凄美，但买家可能会认为这个故事是杜撰的，或者只是营销的噱头。如果老画家说："画中的这个年轻人正是当年的自己。"那么故事的说服力就变得很强，整个情感张力也会更加凸显出来。

又如一个店家在与顾客讲述某品牌的梯子时，这样说："我从来不进那样的梯子，看起来很不错，其实质量没有多大保证，使用年限太短了。有不少人在使用该梯子时，由于梯子的支架坏了，不慎摔伤了腿。正因为如此，我前年就全部将存货退回去了，改用其他品牌的梯子了。"

面对店家的说辞，顾客可能会这样想：这不过是店家自己的说辞而已，也许他并不希望别人购买其他产品，因此到处贬低别人的产品。顾客又或者会认为这不过是店家危言耸听而已，只是为了让自家的产品卖得更好。

可是如果店家站出来说："真的，我自己家里也用过这样的梯子，有一次，我就是从梯子上摔下来的。还有我弟弟，也有一次从梯子上摔下来，还摔成了骨折，这都是因为梯子的支架不牢固引起的。"很明显，通过讲述自己亲身经历的事情，店家给出的理由就显得更具说服力了。

相比于随便讲一个故事，以个人经历为素材，无疑会让故事更具说服力。从故事的传播性能与作用来看，想要讲好故事，一定要想办法向顾客介绍"我是谁"，这是讲故事的一个基本任务。找到一个定义"我是谁"的故事至关重要。首先，当销售者描述自己的经历和故事时，往往最能够体现出自己的一些特点，包括描述个人的职业、性格、经历、习惯、心态、爱好，这样就可以形成一个较为完整的个人形象。其次，故事要强调个人的价值，或者说强调个人能为顾客提供什么价值。当销售者讲述自己的故事时，更能够凸显出个人的价值，更能够体现出个人的吸引力。最后，销售者讲述故事往往都有一个动机，而这个动机应该契合顾客的关注点，他们可以重点讲自己的故事，如果一个人讲的是其他人的故事，并以这个故事来提高自己的销售效率，显然不如讲述自己的故事更好，他们可以更自信地说："我站在这儿卖东西，就是因为这些故事。"

人们在讲述个人故事的时候，销售的效果往往会更好一些。不过，想要讲好自己的故事，一定要注意一些基本原则：

首先，故事的情节性要强。一般可以选择比较有代表性的故事来讲，这样可以有效提升故事的吸引力。一些小故事，或者情节相对匮乏且没有多少波动的故事，往往显得很平淡，很难引起顾客情感上的认同，也很难在内容上引起关注。只有选择那些相对更经典、故事性更强、情感比较充分的故事，才能够产生更好的催眠效果。

其次，故事最好能够契合销售的主题，整个故事都最好围绕销售工作来展开，把相关的产品和服务融入故事中，使之成为故事的重要元素。这样一来，故事就可以有效推动销售工作，可以提高销售的效率。

最后，在讲述自己的经历时，一定要保证讲得客观真实，随意杜撰一些严重违背常理的故事往往会引起顾客的怀疑和反感，不仅无法起到促进销售的作用，反而会产生一些负面影响。

还有一点需要注意：在谈论自己的故事时，不一定要谈论回忆中的事情或者正在发生的事情，也可以谈论一些未来发生的事情，或者说谈论自己的一些规划和对未来的畅想。这些故事可以融入自己的愿景，融入自己对生活的一些期待，这样做的一个好处就是，凸显出品牌成长的一些战略规划。

要给客户营造画面感

从生理学的角度来划分,大脑分为左脑和右脑。其中左脑被称为"文字脑",主要负责处理抽象的文字和数据等信息。人们对事物的理解、分析、判断等行为都和左脑有关,它最重要的标签就是理性和逻辑性。

右脑被称为"图像脑",它最擅长处理声音和图像等具体信息。当右脑接收信息后,往往会以图像的形式呈现出来。右脑具有想象、创意、灵感和超高速反应等特点,而且相比左脑而言,正是因为具备这种能力,它更加感性和直观。

所以当人们讲述一件事的时候,如果使用了很多专业化的术语,拥有很多数据,而且非常注重逻辑性,那么这件事的描述就会被左脑接收。左脑会利用理性思维进行严格的分析,看看这些数据是否合理、所说的事情逻辑性是否严密、对方的观点和论据是否站得住脚。这个时候,左脑会进入全速工作的状态,不会放过任何一个细节。而这样一来,对方就很难被那些话打动。相反,如果一个人在描述一件事的时候,能够注重画面感,努力呈现出一个图像，那么这件事就会被对方的右脑接收。这个时候，对方会变得感性，不会刻意追求理性思维，也不会刻意去考虑这样说是否合理。

比如，一家咖啡店的销售者在向顾客介绍自家的产品时，强调了自家产品受欢迎的程度："在过去3个月，我们每天的销售额都突破了5万元。"顾客对于"5万"这个额度可能并没有那么敏感，在他们听来，也许5万元的日销售额对于一家咖啡店来说很正常，因此便很难形成一个直观的感知，销售者关于生意的介绍，也就无法形成强大的说服力。

如果销售者换一种说法，告诉顾客："过去3个月，店里的生意都非常火爆，每天都挤满了人，买咖啡的人都排到马路对面去了。"这话听上去是不是更有说服力了？

为什么会这样呢？

其实原因很简单，那就是"画面感"。冰冷的数据不太容易吸引人，很多消费者对数据的敏感度很低，而且数据很容易让消费者或客户产生怀疑。相比于冷冰冰的数据，顾客对于产品的理解更倾向于一些感官上的体验。

也正是因为如此，销售者如果想要通过讲故事来说服顾客、打动顾客，最好的办法就是激发顾客的右脑工作机制，让他们变得更加感性，更容易受到销售内容的影响。而这个时候，比较直接的方法就是打造一个比较直观的画面。当顾客听到故事的时候，就会在大脑中呈现出一个相对清晰的画面。

比如，两个卖早餐的人，分别向顾客介绍自己的油条。第一个人这样说道："我们的油条，大小合适，油性适中，又香又脆。"

第二个卖早餐的人，则这样介绍："我们的油条入油锅后，会缓慢地在油里翻滚。随着油的浸入，你会看见原本相互缠绕的面条一点点膨胀，颜色一点点加深。等到颜色金黄，捞出来控油即可。稍冷却后咬上一口，油从嘴角里溢出来，香味在舌头上流淌，从舌头两侧到舌尖，再到舌根，又溢出来，包裹整个舌头。"

如果让顾客选择去一家早餐店消费，相信多数人都会去第二个卖早餐的人那里。为什么呢？原因就在于第二个卖早餐的人在描述油条的时候，更加绘声绘色，为顾客呈现出非常鲜明的画面，顾客听到这些话可能就会产生强烈的食欲。

这种画面的呈现，其实有一个专门的术语，叫"示现"。想要让自己表达的内容更加生动、更具画面感，就要懂得示现。什么是示现呢？就是将脑海中存在的一些虚构的事物当成现实来阐述，让人觉得就是在现实中发生的事情。

比如一个服装店的销售者为了向一位中年男士推荐一条时髦的女裙，可以这样说："等你晚上七点钟准时回到家后，拿出裙子，你妻子会怎样呢？停下手中的抹布，愣在那儿，一如既往地埋怨你浪费钱，但她的眼眶会慢慢湿润，过去十年婚姻生活中的点点滴滴可能会在她脑海一闪而过，然后给你一个大大的拥抱。"

又如，一个卖爆米花的人，为了勾起顾客的回忆，可能会谈到以前吃烧饼的一些场景："大约得有二十年了吧，我记得那时候大家都会围在村口，看着崩爆米花的老师傅坐在地上，往罐子状的锅里加入玉米和糖精，然后不紧不慢地拉着风箱。老师傅看一下压力表，提醒一句'要爆了'，人群就四散开来，孩子更是躲得远远的。老师傅将锅取下来，洞口对准一个布袋，然后用铁棍撬开锅的阀门，'砰'的一声，爆米花就全部炸进布袋里，那个香啊！"

以上两个案例中，销售者所谈到的话就是一种示现，它包括对过去进行示现、对未来进行示现，或者对另一空间发生的事情进行示现。而示现时最关键的步骤和内容是情节移植，就是将过去或者未来的情节移植到现场，让人身临其境。

除了示现之外，在打造画面感的时候，还有很多技巧，比如销售者完全可以将数据进行换算。比如某品牌说一年卖出多少杯饮料，消费者可能会觉得这些数字没什么了不起，可是一旦说这些饮料可以绕地球好几圈，情况就变得不同。消费者会对产品的畅销感到吃惊，并因此认定这些饮料受到了市场的青睐。

又如销售者可以强化细节描述。通过对细节的描述，往往可以帮助顾客建立更直观的印象，这种印象就是一种画面感。一般来说，想要让画面感更加清晰，那么细节描述就一定要到位，对人物形态、行为、表情、事物特征的描述与刻画就一定要精细、准确。只有这样，方可有效提升画面感。

借助名人效应来宣传产品

成功学导师戴尔·卡耐基说过:"我们都不想听人说教,没有谁会喜欢这样。请记住,一定要让我们感到愉快和有趣。不然,你说什么我们都不会注意。同时也请记住,世上最有趣的事情之一,莫过于精练雅致、妙语生辉的名人逸事。所以,请告诉我们你所认识的两个人的故事,告诉我们为何其中一个会成功,而另一个却失败了。我们会很高兴去听。同时请记得,我们或者还能因为此例而获益匪浅。"

在这段话中,卡耐基谈到了一个事实,即多数人都对名人的事情感兴趣,这就是典型的名人效应。名人效应常常也称为明星效应,主要指企业和个人为了追求产品销售在市场上的最大效用,会邀请一些具有流量和知名度的社会名人、明星来代言自己的产品。或者将名人与自家的产品使用联系在一起,以此来获得大众的喜爱与支持,并借助名人的形象来塑造良好的品牌形象。

名人效应在生活中比较常见,最典型的就是请明星做代言,利用明星的粉丝效应和知名度来拓展销路。而请明星做代言,往往有两种形式:第一种就是主动找明星打广告，邀请明星为自家的产品做宣传。在向顾客介绍产品的时候，销售者可以直接将明星代言的事情告诉顾客："你知道吗？我们的产品是×××明星代言的，这款产品目前卖得非常好。"第二种就是间接地借助明星的消费行为，主观上将其当成一个产品代言人。简单来说，就是明星并没有代言这款产品，但是由于有过消费行为，或者和产品发生了接触，销售者就在主观上将其与自家的产品联系到一起，以此来制造明星效应。

比如某种化妆品的销售者可以向顾客这样介绍自家化妆品的优势："你知道今年最火的那部电视剧叫什么名字？就是那个女主角，她用的就是同款的化妆品。"或者可以说："×××大明星给我们的产品做代言，据说他私底下经常给妻子买这款产品使用。"又或者说："你看了本地电视台昨晚新一期的综艺节目没有，这一期的男嘉宾直接提到了我们这款化妆品哦，对方还夸赞了我们的产品。"

无论是哪一种方式，销售者都可以将产品和明星、名人捆绑在一起，从而成功借助对方的名声、粉丝来实现产品销售的目的，直接将明星的流量转化为产品的销量。想要在讲故事的时候，借助名人效应宣传自己的产品，就要注意将名人的行为与产品结合起来，名人代言、名人使用、名人推荐、名人的赞美都属于有效的结合方式。

除此之外，利用事件宣传名人效应还需要掌握一些技巧和方法。比如在销售事件中，销售者往往需要注意场景化的描述，讲述具体的场景、时间和地点，突出场景中的产品价值。而在借助名人效应的时候，也要打造一个具体的场景，描述细节问题。通过场景塑造和细节的描述，可以有效提升故事的说服力。在表述的时候，可以谈论明星的一些特点、穿着、动作、表情、语言。一个卖首饰的销售者在讲述名人购买事件的时候，可以这样说："昨天是情人节，×××（明星）去我们的连锁店里买戒指，不知道你看电视了没有，那个明星一直耐心地听销售者介绍产品，还一直在助理耳边窃窃私语，不住地点头。"细节上的描述，往往可以让故事更加丰满，提升明星在产品销售中的参与度。

销售者在讲述和明星有关的事件时，需要强化明星的态度和观点，即最好谈论一下明星对相关产品的正面评价。明星的态度往往决定了产品的形象和品牌的高度，而注重细节描写，无疑会让明星的态度清晰地呈现出来。

又如，销售者在打造产品的明星效应时，要注意所选择的明星与产品是否配对，毕竟很多产品的使用涉及职业、地位、性别、性格等诸多因素。销售者告诉顾客一位著名歌手在自家店里购买了化肥和农具，便容易引起顾客的质疑；一个男性画家到店里购买丝袜，也可能会引起顾客的不适；又或者，讲述航天员将自家品牌的内衣穿到外太空去，可能会被认为是明显的弄虚作假。还有一种情况，讲述事件的人虽然提到了明星的名字，但是具体做了什么，和所宣传的产品之间是否存在联系，都语焉不详。这样的讲述，往往让人觉得是捕风捉影，很难打动顾客。顾客不会因为某个明星的存在，就掏钱购买相关产品。

从销售的效果来说，销售者想要借助名人效应来提升产品的销售额，就需要关注一个基本的要素，那就是名人或者明星的影响力是否足够大，是否拥有数量庞大的粉丝，是否自带足够的流量。如果不具备这些要素，名人效应就会大打折扣，甚至根本无法说动顾客。

以感人的故事打动顾客

在人际交往中，情感是一个非常重要的沟通元素，对于促进人际关系有很重要的作用，情感输出往往可以增强说服力和影响力。正因为如此，人与人之间的沟通往往需要加强情感输出。以演讲为例，一场演说是否能够打动人，除了内容要具备说服力和感染力之外，演说者在演说时的情感投入很重要。如果一个演说者只看重数据，只看重理论分析，只懂得用逻辑思维和理性思维来组织自己的语言，那么整个演说就会显得太过拘谨和严肃。如果演说者的演说富有感情色彩，就会具备一定的煽动性和感染力，听众就容易产生情感共鸣，从而被带入演说者的情感节奏当中。

在销售中往往也是如此，一个优秀的销售者应该善于调动顾客的情感和情绪，应该懂得通过情感共鸣的方式来吸引和拉拢顾客。在销售中，情感输出是一个非常实用的沟通方法。将情感融入销售故事中，无疑会让整个销售更具层次感和说服力，可以拉近销售者与顾客之间的距离。

情感的输出，往往有两种形式：第一种是情感付出，即销售者在工作中付出自己的情感，表达对顾客的关心、爱护、尊重等；第二种是讲述一个富有感情的故事，销售者的语言充满了情感元素，或者内容非常感人。

比如同样是卖布鞋，有的销售者只强调这些鞋子的性能和设计："这双布鞋的鞋底非常牢固，而且都是纯手工制作的，穿起来也非常舒适。"

而有的销售者可能会设计出一个感人的故事，他们会告诉顾客，这些鞋子是一位老母亲想念外出的儿子，一针一线缝起来的。整整五年时间，她缝了那么多的鞋。这样一来，整个故事就赋予了鞋子"母亲思念儿子"的情感，将销售活动提升到了更高的层次上，顾客往往会被这个故事打动。

又如，某地农民打算进城出售一批大蒜。有的农民会这样说："我们那里今年种的蔬菜滞销，收购商今年也没有来，没有办法，我只能拉到城里来卖，哪怕便宜点也行。"这个故事听起来就比较普通，没有什么特别之处。

而有的农民非常善于把握消费者的心理，懂得如何博取他们的同情，他们会讲述一个感人的故事："今年收成很好，你看这些都是很好的大蒜，但收购商说今年都不会上门来收了，我一个农民，还能有什么办法呢？我从上个星期就已经出来叫卖了，跑了三四个县，吃住就在农用三轮车上，七八天没回家了，回去也不好向妻子交代，孩子们要开学了，还等着用这笔钱交学费呢！"相比之下，第二个故事可以更加凸显出农民的困境，自然也更能打动人心。

说一个感人的故事，往往会产生很好的销售效果。不过想要打造一个感人的故事，首先就一定要找到引发情感共鸣的点，比如谈论人类普遍的困境，像生离死别就属于人类普遍存在的情感之痛，它们会更好地折射出人类普遍存在的精神脆弱，往往可以更好地激发共鸣。又如谈论人类共同的价值观，包括爱、责任、团队精神和爱国主义，都属于这一范畴的内容。讲述这些内容，可以激发出大家内心深处至善至美的一面。整个故事可以从一些平凡的生活片段入手，讲述一些平凡人的平凡情感经历，这样往往可以让顾客产生代入感，并引起情感上的共鸣。像第一个案例中的母亲帮儿子做鞋子，其实就是母亲和孩子之间最普通也最珍贵的爱，这种爱是人类情感思维中最基本的要素，人们通常很难摆脱它的影响。

其次，要注意构建一个合理的故事框架。先设定一个故事背景，做一个总的说明和铺垫，然后通过某个引子展开故事。在讲述故事的过程中，引入激烈的矛盾冲突，让整个故事更加曲折，之后寻求解决问题的方法。在上面的案例中，大蒜滞销就是一个大背景，卖大蒜就是一个基本的故事，矛盾冲突就是离家七八天了，绕了好几个县，一直睡在车上，依然销量不佳，而且还要面临孩子学费的压力。那么如何解决这些矛盾冲突呢？只能继续留在城里。

最后，要注意投入自己的感情。只有输入充足的感情，整个故事才会更加形象立体，也才会更加动人。试想一下，如果销售者面无表情地讲述一个感人的故事，或者乐呵呵地讲述一段凄美的爱情，顾客的体验肯定会差很多，甚至会觉得销售者的态度有问题。对于销售者来说，如果他们打算依靠一个感人的故事来打动顾客，那么一定要投入自己的感情，要表现出相应的情绪，将自己代入到故事的角色或者情绪当中。毕竟只有先打动自己才能打动别人，才能对别人的情感造成最直接的冲击。

在讲述感人的故事时，要随时关注顾客的表情变化，掌控好节奏。比如一个好的故事应该是循序渐进的，对于情感的堆积也是一步步增加的。等到引导顾客的情绪和情感堆积到一定程度，再提供一个释放的缺口，对方就很容易被打动。如果一开始就忍不住打感情牌，可能会让整个故事显得有些单薄，而且会被认为是刻意为之，感染力自然也就会下降。

通过讲故事的方式构建销售场景

在销售过程中，顾客对产品的认知往往取决于销售者的描述。可以说，表达能力的强弱常常会影响顾客对产品的评估和判断。而很多时候，顾客对产品的认知和使用价值的认知是缺乏的，无法形成有效的感知。也正是因为如此，销售者为了提升产品的形象，为了提升自己的说服力，往往需要在沟通中把握一个重要的原则：场景化。

首先，一个优秀的销售者必须具备预见场景的能力。所谓预见场景，指的就是销售者在了解顾客的生活方式和消费水平后，进行相应的场景推演，看看什么类型的产品和服务适合顾客，看看顾客购买产品后用来做什么。接着，销售者就可以设定出不同的场景和用途，以此来吸引顾客。如果顾客的预期消费场景和销售者的预见场景差不多，那么顾客就更容易被销售者打动。

其次，一个优秀的销售者要具备场景描述的能力。对于销售者来说，仅仅具备预见场景的能力还是不够的，他们还需要对这个场景进行描述和修饰，尽可能渲染出一个美好的场景，提升说服力和吸引力。场景描述也叫场景描绘，是一种构图行为。销售者可以运用生动形象的语言给顾客描绘出拥有产品之后的幸福生活和一些快乐的画面，从而有效激起顾客对这幅画面的向往，刺激顾客的消费欲望与购买欲望。

举一个最简单的例子：某位顾客准备购买一辆越野车，那么在设定场景时，需要考虑对方的年龄。年轻人更喜欢越野，年纪大的可能只是偶尔好奇。看看对方的言谈举止和穿着打扮，穿着比较潮的人，可能更加喜欢接受挑战。如果顾客比较成熟和沉稳，有可能只是单纯地喜欢越野车的动力，或者更加希望带着家人外出旅行。在把握准了消费场景之后，就可以为对方描绘一个更加美好的场景。

比如在面对那些喜欢越野运动的年轻人时，可以告诉顾客，选择和车友前往西北地区旅行，或者前往青藏高原仰望星空，又或者前往风景绝美的戈壁滩欣赏落日余晖，顺带参加一些越野比赛。

在面对那些比较沉稳且倾向于家庭用车的顾客时，销售者可以描绘出一家人其乐融融的出行场景，或者强调节假日时一家人自由出行的乐趣，不用忍受坐车难、挤车苦的困扰。

如果仔细进行分析，就会发现场景描述具备一些特点：首先就是有情感输出。想要激发顾客对美好场景的向往，那么一定要在情感上打动对方。因此在描述场景的时候，一定要使用一些富有感情色彩的词汇，不能生硬干瘪地讲述一件事。

一个卖花的人可以这样描述场景："先生，你看这花多么漂亮，买一束吧！一会儿下班的时候，可以把花送到妻子手上。"也可以这样进行场景描述："先生，买一束花吧，这花非常适合你。想象一下，当你下班回家后，敲开房门，然后深情地望着妻子，顺势把这一束娇艳欲滴的花递过去，她的脸上会洋溢出怎样幸福的表情！"

很明显，后面的场景描述更加成功，也更具吸引力。当使用一些富有感情色彩的句子后，整个话语的情感会更加饱满，场景也会变得更具吸引力。

再次，就是注重细节描述，这是场景描述中的一个关键要素，也是充实场景的基本要素。在描述场景的时候，不能仅仅大致谈论一下什么场地发生了什么事。想要让场景更加饱满、真实，更具有吸引力，一定要添加细节元素。细节描述一般可以从人物的神态、表情、动作、话语、事物的特征描述中来体现。

某品牌手机销售者，在同顾客讲述手机的性能和优势时，这样说道："这款手机可以用来玩游戏，每次你掏出手机同朋友们一起玩手机游戏，就深有感触，蓝宝石屏面泛着紫色的光，搭配手机屏幕柔和的色彩，以及清晰简单的界面，并不会造成任何视觉上的困扰，加上7毫米的机身厚度，相信你在使用的时候，不会产生任何不适的感觉。"这种描述毫无疑问会让顾客对手机的特点更加印象深刻。

最后，就是使用一些生动形象的句子。在场景描述中，为了提升质感和画面感，就需要使用一些形象的语言和生动的词汇进行修饰，让整段话听起来更有味道。

比如一位销售海景房的售房小姐，在向顾客介绍海景房时，可以这样描绘幸福的场景："每天下班的时候，你们一家人可以躺在露台的沙发和躺椅上，穿上宽松的棉质睡衣，轻轻闭上眼睛，你们就会感觉到海风一点点从身边穿过，穿过你们的袖口，慢慢爬上你们的肌肤，在每一个毛孔里跳跃。"

经过生动形象的表达之后，整个画面会变得更具冲击力，顾客对于场景的感知和体验也会更为强烈，而且也更容易投入自己的情感，从而更容易被打动和说服。

一般来说，只要掌握了这几个要素，就可以很好地描绘场景了。不过需要注意的是，美好的场景并不是完全依靠华美的辞藻来堆砌的，最重要的还是要让顾客听着舒服，要能够触动顾客内心的真实需求。可以说无论是细节描述还是辞藻的修饰，本质上都是为情感服务的。

利用故事打造符号

销售工作往往离不开宣传，甚至可以说宣传就是销售工作的核心。只有做好宣传，才能产生更强的说服力。那么怎样去宣传自己的产品和服务呢？《不列颠百科全书》对于"宣传"做出了这样的定义：**宣传是一种借助于符号（文字、手势、旗帜、纪念碑、音乐、服饰、徽章、发型、钞票图案、邮票，等等）以求操纵他人信仰、态度或行为的系统活动。**

在这个定义中，其实明确了宣传的方法，那就是借助于特定的符号来影响他人行为的活动。这些符号具有多元化的特性，通常和个人的感官系统息息相关，包含了视觉符号、听觉符号、触觉符号、味觉符号和嗅觉符号。而想要真正对顾客的个人感官产生刺激，最简单、最直接的方法就是讲故事——利用故事来介绍自己的产品和服务，通过故事来构建一个产品的符号，以此来象征产品，增强产品的影响力，给予顾客强劲的感官冲击，引发顾客的联想。

比如在宣传法拉利的时候，无论是广告设计，还是现场的销售工作，销售者都会刻意凸显它的红色。只要说起红色跑车，顾客首先一定会想起法拉利。在这里，红色的感官体验就和法拉利的纯正跑车血统结合在了一起。

又如迪士尼乐园在打造符号的时候，设计了一个米老鼠的故事，使米老鼠最终成了迪士尼乐园最经典的形象与符号。只要说起米老鼠，人们就一定会联想到迪士尼乐园。自此，米老鼠成了迪士尼乐园对外营业的一个重要保障，而每一个服务人员都会向游客介绍米老鼠的故事。

再看看乔布斯是如何在发布会上宣传苹果公司的：他并没有完全讲述自家产品如何出色、如何富有创造力，而是聪明地树立了一个对手——IBM。他在发布会上像导演一样，讲述了IBM在行业中的问题，顺带将其描述成为一个大反派。而苹果公司则在与之竞争的过程中，被塑造成了一个维护正义的大英雄。这个故事使得苹果公司扮演的正义角色深入人心，苹果公司的产品自然也就成了击败IBM引领时代变革的先驱。

打造符号的巨大优势在于：符号可以成为一个品牌形象，或者成为品牌形象的一部分。而且由于符号相对简单明了，顾客更容易记住它，并由此联想到产品或者品牌。比如某老板在杭州某地开了一家湖南土味菜馆，做的都是一些地道的湖南菜。面对每一个进店的人，老板都会热情地讲述一些湖南菜的由来，以及湖南母亲做湘菜的特色故事，结果很快就形成了一个独特的"湘菜妈妈"的符号。很多顾客对这个符号印象深刻，很快成了忠诚的顾客。

销售者想要顺利打造一个品牌符号，往往需要三步走：

首先要把握一个文化母体，简单来说就是针对某种文化现象进行分析，设计一个相关主题的故事。比如湘菜妈妈的符号设计一开始就是因为"妈妈做菜"这样的文化传统。妈妈在给孩子做菜的时候，会融入自己的感情和爱，这是一个文化母体。店老板反复讲述妈妈做菜的故事，就是把握这个文化母体，以此来激发顾客的群体意识和共同情感。在选择和把握文化母体的时候，一定要注意选择一些正面的文化母体，且必须迎合社会主流价值观和主流文化，能够引起多数人的共鸣，像爱、责任、历史这类元素都可以打造文化母体。

其次，就是进行品牌寄生，简单来说就是将品牌寄生在文化母体之中。店老板将自己的湘菜品牌融入"妈妈菜"的文化母体之中，讲述湖南妈妈的做菜故事，就形成了一个具有浓厚地域特色的故事和具有地域特色的品牌，从而顺利实现了品牌的寄生。对于销售者而言，可以将自己经营的产品和品牌融入文化母体之中。在融合的时候，应该做到顺畅和谐，讲述的故事不能太过生硬，以免失去真实性。

最后，随着品牌的顺利寄生，品牌的活跃度和影响力会不断提升。这个时候，湖南妈妈做菜的故事以及湖南妈妈的形象会越来越鲜明，最终形成一个湘菜妈妈的文化符号。这个文化符号，会逐渐在顾客心中固化，并成为这家湘菜馆的一个形象代言。只要想起"湘菜妈妈"这个名字，顾客就会联想到原汁原味的湘菜，想到最正宗的湖南饮食风味。想要让品牌寄生顺利诞生符号，最重要的就是宣传和推广，增强它的影响力。只有形成了强大的影响力，才可以让符号更加深入人心，并提升产品的品牌效应。

总的来说，在打造符号乃至超级符号的过程中，销售者要选择一个合适的切入点讲故事。整个故事必须生动形象，且与自家的品牌和产品紧密结合。最后就是反复宣传，凸显出符号的影响力。

需要注意的是，打造的符号一定要简单明了，不要选择过于抽象、过于复杂的符号。简单的文字、图片或者一些道具，都可以用作符号。而且符号的设计最好能够体现出产品的特色或者性能，可以最大化地引发顾客的联想。因此，讲故事的时候可以有针对性地围绕这些东西来展开。有必要的话，可以设计出一个具体的符号，展示给顾客看，增加故事的说服力和影响力。

给予顾客一种生活理念，而非单纯的产品

如果对商品市场进行分析，就会发现人们如今生活在一个产品功能复制的年代，无论是企业还是销售者，都感觉压力越来越大。任何一款产品想要脱颖而出并打动消费者变得越来越困难，因为消费者的选择越来越多，他们正在变得越来越挑剔，对于产品的要求越来越高。在产品的技术革新与价值更替出现某种突破之前，他们需要选择一些更加高效、更具说服力的营销方式，于是对产品进行刻意包装就成了一种比较实用的突围方式。越来越多的商家注重对产品和服务进行包装，而包装往往包括以下三种形式。

第一种包装形式是对产品外在进行包装，最常见的就是包装盒或者包装袋，这种包装形式主要是通过一些外在形象的修饰来提升产品和品牌的形象。比如很多农村都会自酿烧酒，这些烧酒可能只卖十几元一斤。可是将这些烧酒装入精美的酒瓶中，然后套上一个漂亮的盒子，一瓶一斤装的烧酒可能就会卖到上百元甚至几百元。这就是包装带来的产品附加值，而这种包装附加值实际上并不意味着产品自身原有的价值。

第二种包装形式主要和平台有关，好的平台往往会带来品牌知名度的提升。就像同样一杯咖啡，在普通咖啡馆里只能卖到几元一杯，到了星巴克可能就变成十几元一杯，到了五星级酒店可能就要上百元一杯了。平台本身自带流量和知名度，它会将这种知名度部分转移到产品上。因此很多销售者会将产品放到更高级别的平台上出售，以此来提升产品的知名度。

第三种包装形式就是所谓的文化包装，简单来说就是把握住产品内在的文化价值后，销售者会跳出产品营销中的功能营销，会跳出产品销售中的使用价值展示，而注重展示产品的文化内涵。最常见的做法，就是将产品打造成一种生活方式的象征，将产品消费打造成一种生活理念，提升产品消费的格调。

比如大部分酒厂销售者在宣传自酿的果酒时，往往只停留在讲述果酒的保健功效上："每天都喝上一小杯果酒，不仅可以补充维生素，疏通经络和血管，还能够提升身体的抗氧化、抗衰老能力，达到美容养颜的功效。"这种表达方式往往会让人觉得有些过于形式化，顾客未必会被打动。

如果果酒的销售者换一种方式，将产品销售变成生活理念的营销和推广，就可以提升果酒宣传的层次。比如销售者可以这样说："你看，我们大家每天都忙忙碌碌，常常忘了照顾自己，有时候只需要品尝一小杯果酒，就可以重塑自己的生活体系，打造更加美好的生活方式。"

在这里，销售者就完美地跳出了"果酒有什么具体的功能"这个框架，将其与生活理念相结合起来，强调享受果酒带来的健康人生，强调培养一种健康养生的饮食观念。这样就将果酒的使用价值提升到了一个很高的层次上，果酒的形象以及果酒品牌的形象自然更加深入人心。

好的营销应该是一种生活理念、生活方式的营销，而不仅仅是提供一种产品或者服务。对于销售者来说，想要让自己的销售更具质感，想要让销售的产品更有档次，就要摆脱单纯提供产品或者使用价值的模式，将生活理念的营销融入工作当中去。换句话说，就是要懂得将产品的使用价值和生活理念的构建紧密结合起来，从而告诉顾客这样一个事实：你购买的并不是一件没有任何生命力的产品，而是在打造一种生活理念，享受一种生活方式。销售者应该对产品的功能和价值进行深入剖析，将其与生活方式相结合起来，与个性的塑造相结合起来，同时赋予它们更多的生活气息。当顾客的格局提高之后，购买产品的欲望自然会越来越大。

那么，如何才能向顾客传递产品所具备的生活理念呢？或者说，如何才能将产品的价值拔高到生活理念的层次上呢？这里往往存在一些表达技巧，最主要的就是意义的延伸，且这种意义的延伸往往要迎合不同人的不同需求。

比如消费者买车，多数销售者往往会从车子的性能说起，讲述汽车的发动机、变速器、底盘、操控系统，然后谈到汽车的品牌影响力、价格优势与售后服务。可以说他们大多数时候都会将营销的内容停留在汽车本身的性能和使用价值上。如果销售者愿意更进一步延伸汽车使用的意义，销售效果或许会更好一些。

其实很多人买车有自己的现实需求。比如很多人想要假期外出旅游，可是由于出行的人太多，坐车很不方便，如果有私家车的话，那么就可以自由出行，不需要受交通工具的约束。这种人追求实用，因此销售者在讲故事的时候，可以侧重于传递这样一个信息：买车就是购买交通自由和出行自由。他们可以讲述一个一家人在假期自由出行的故事，或者讲述一对情侣驱车前往全国各个景区享受人生的故事。这些故事可以将汽车与旅游、生活方式联系起来，重点传递出自由生活的理念，以此来强化产品的价值。

也有一些人买车是为了商务谈判，渴望购买一辆高档汽车来提升自己的形象，并以此凸显出自己的商业气息。在面对这些顾客时，同样要传递出精致生活、大胆展示或者底蕴丰富等生活理念。销售者可以给买车者讲成功人士与汽车的故事，讲汽车与个人成长、价值展示的故事。比如讲述一个人购买汽车后积极向上努力经营生活的故事，以此来打造"成功生活模式"的理念。

还有一些人想购买新能源汽车，针对这类顾客，销售者可以重点讲述绿色出行的理念，讲述一种健康的生活方式。阐述的故事可以围绕环境保护、绿色生活等理念来展开，最后实现品牌寄生，这样就可以更好地将顾客吸引过来。

对于销售者来说，给予顾客一种生活理念而非产品，这本身就是为了提升顾客的消费层次。只有将顾客拔高到一个更高的层次上，销售者的产品才能深入人心，让顾客产生购买的冲动。不过，即便如此，销售者也不要忘了介绍一下产品本身的性能优势，毕竟任何一种消费都需要建立在产品的最初使用价值的基础上。

借助故事设置悬念，刺激顾客的消费欲望

在销售时讲故事的目的是让顾客购买产品，而想要让顾客购买产品，最重要的步骤就是刺激顾客的消费欲望。在刺激消费欲望方面，通常有两种方式：一种是显性的展示，即将产品的性能、价值和优势展示给顾客，让他们对接下来的消费行为产生期待。在一般的营销中，销售者都会想办法将产品的性能和价值呈现出来，以便更好地说服顾客。另一种就是隐性的展示，简单来说，就是销售者故意隐瞒产品的相关信息，给顾客设置一些悬念，激发顾客的好奇心，吸引顾客去尝试和体验。

利用故事设置悬念的时候，往往可以从以下几个方面入手：

首先是隐瞒"产品是什么"这样的信息。简单来说，就是卖关子，拒绝透露产品属于什么类型、具体的定位是什么。这种做法，一般适用于一些创新型的企业，以及适用于一些已经打响了品牌知名度的企业或者个人。

比如在 iPhone 4 发布会之前，乔布斯突然故作神秘地借着媒体对广大的消费者说："我们将发布一款新产品，它会改变这个行业的规则。"这句

话很快引起了轰动。很明显，乔布斯并没有明确说这个新产品是什么，它又如何改变行业规则，大家只能猜测。而这就吊足了消费者的胃口，也让即将发布的产品顺利吸引了大众的注意力。结果，等到发布会那天，全球知名媒体蜂拥而至，还有一大批消费者在网络平台关注这次发布会，最终使得 iPhone 4 在全球大卖。

在隐瞒产品是什么时，最重要的一点就是吊足胃口，而吊足顾客胃口的关键在于提升产品的功效，强化它所扮演的社会角色，或者它对行业、对个人带来的影响力。销售者可以告诉顾客："我们这里将会推出一款新品，多数人都无法拒绝。"或者也可以这样说："我们的下一款产品将会是前所未见的，我敢打赌没有人会想到它的出现。"只有当顾客对新产品将会带来的改变产生足够的好奇与兴趣，购买的欲望才会提升。

其次是隐瞒"产品的功能有哪些"。相比于限制"产品是什么"的信息，对产品功能的隐瞒往往会产生更直观的吸引力，因为顾客已经知道了产品是什么，了解了产品的外形、设计，他们就会对产品的功能、使用价值（决定了产品的价值）进行猜测和解读。尤其是当市面上存在一些相似产品时，消费者对于产品的性能和使用价值会非常看重。

比如有家公司推出了一款新的电子产品，但是销售者在发布会上只愿意透露一些基本信息，比如这款电子产品是公司研发的第二代智能电视机。除此之外，就没有给出任何实质的信息，只是非常神秘地说道："这款电视机将会是今年电视机领域最具特色的产品，它的很多功能都是全新的，它的屏幕、色彩、音响、内存都是顶级的，还有很多隐藏的功能，保证你们从来没有体验过，你们可以慢慢摸索，我相信它有可能会改变人们看电视的习惯。"

如果仔细分析，就会发现这些故事其实只是一个铺垫和说明，是为了刻意引起对方的关注。当顾客对信息产生好奇的时候，销售者就停下了宣传的进程，把话说一半，剩下的另一半只能留给顾客慢慢思考和猜测。此时顾客的好奇心会不断增加，销售者越是隐藏信息，顾客反而越是要选择去尝试一下。

在宣传的过程中，销售者往往需要强调一些重点内容，比如要有意无意地强调产品的价值，且要设定某种对比，以此来表明它比市场上同类产品更加出色，但不需要进行具体的描述。又如悬念的设置大都发生在产品宣传期，为的就是吸引注意力，制造巨大的流量。如果是在销售过程中，顾客往往会认真打听产品的信息，此时可能并不适合隐藏那些重要的信息。其实，只要在一开始吸引了关注，等顾客的好奇心被调动起来，他们购买产品的欲望就会不断变大。

还有一种比较常见的悬念设置方法，就是限制"做什么"的信息，简单来说就是直接说出一个故事吸引顾客，但顾客却不知道具体要做什么，不清楚销售者有什么目的。比如某公司准备在"五一"假期进行促销活动，于是就对路人说道："'五一'，我在广场等你们，欢迎诸位参与盛大的活动。""五一"假期，这家公司准备在广场做什么？举办什么盛大的活动？它是做什么的？为什么这家公司的广告会这么奇怪？一大堆的疑问会促使人们在"五一"期间拥向广场弄个明白。当获得更多的流量之后，产品的销售也就变得相对轻松了。

需要注意的是，任何负责设置悬念的故事都要把握一个基本原则，那就是兑现承诺。对于故事中所描述的那些价值，必须在产品的使用过程当中体现出来，就像乔布斯在 iPhone 4 发布会之前所强调的那样，iPhone 4 会改变这个行业的规则，事实也是如此。iPhone 4 无论是在操作性能、外观设计、操作方式上都有了很大的提升，可以说是一款创新型的手机，的确引领了智能手机的发展趋势，成了推动手机行业变革的关键产品。如果产品在宣传时被拔高到一个很高的层次上，而在实际的操作中却被发现根本达不到这些要求，无疑会让顾客感到上当受骗，这会对品牌产生严重的冲击，也会导致自己失去顾客的信任和支持。

第七章

提问与回答的技巧

不可不知的提问技巧：SPIN 销售模式

在销售工作中，为了更方便地了解顾客的需求，为了更多地掌握顾客的信息，销售者免不了要向顾客提问。提问本身也是一门学问，合理的提问方式往往可以产生高效的结果，而不合理的提问方式往往会影响信息的获取，还可能引发双方关系的紧张。对销售者而言，如何更有技巧、更高效地提出问题，直接关系到销售是否顺畅。

一般来说，营销活动要经历四个阶段，包括开始的启动、调研和交流、能力与价值展示、买卖承诺。在这四个阶段中，调研和交流是最关键的。只有做了充分的市场调研，只有与顾客进行了详细的交流，才能了解顾客最真实的需求，才能想办法激发出顾客的需求，并为接下来的销售工作打下坚实的基础。

那么，如何才能高效提问呢？

在销售工作中，有一个著名的 SPIN 销售方法。SPIN 是情景性（Situation）、探究性（Problem）、暗示性（Implication）、解决性（Need-Payoff）

四个英语单词的首字母组合而成的，它是美国销售大师尼尔·雷克汉姆提出来的一种销售方法和模式。SPIN销售法是人们在营销过程中运用各种提问技巧来挖掘客户的需求，明确客户的期望，从而为自己的销售活动奠定基础的一种方法。这些提问技巧涉及事情查询、问题诊断、启发引导和需求认同四大类。每一类都有相应的体系，可以帮助销售者了解客户的基本信息，引发客户说出内在的需求，并想办法激发和放大客户的需求。销售者还可以借此机会了解客户的心理变化，可以说这个方法本身就是配合客户在购买过程中的心理转变而设计的。

SPIN销售模式有一套基本的流程：

首先，销售者可以提出诸如"你从事什么工作""工作多少年了""平时会出去旅游吗""喜欢购买什么样的产品"等情景性问题，了解顾客的收入、职业、年龄、家庭等基本信息，然后巧妙地帮助顾客导入正确的需求分析。考虑到情景性的问题具有一定的私密性，为了避免客户或顾客产生反感心理，销售者的提问必须适可而止。

其次，销售者应从探究性的问题开始入手，挖掘顾客或客户隐藏的需求，并且反映出顾客所面临的困惑、难题、痛点和期望，巧妙地引起对方的兴趣，进一步激发顾客的内在需求。这类问题包括"你家里购买的产品还好用吗""对自己过去的消费感到满意吗""有没有什么不愉快的消费体验""对经常使用的产品有什么要求和期待""最希望获得什么样的产品"，等等。这些问题可以有效引导顾客说出自己心里最需要的东西。

再次，销售者可以提出一些暗示性的问题，这些问题的作用是为了让顾客意识到隐藏性需求的重要性与迫切性，进一步刺激顾客的购买欲望。比如销售者可以这样说："你购买的那个产品，只有最后一年的使用期限了，你知道吗？""现在很多人都在弃用这款老产品，你知道吗？"

最后，一旦顾客认同自身需求的严重性与迫切性，且意识到自己必须立即采取行动时，销售者就可以趁机提出解决性的问题，即"需求—代价"的问题，顺利让顾客产生明确的需求。与此同时，销售者应鼓励顾客把注意力放在如何解决问题的方案上，并告知对方解决问题的好处以及购买产品所带来的实际利益。比如，销售者可以这样说："现在有一款非常好的产品，完全没有之前的那些问题，不知道你用过没有。""现在有很多产品可以让我们的生活变得更加轻松，不知道你有没有兴趣了解一下。"

SPIN 销售模式是一种比较实用的提问方法，销售者可以按照以上所说的四个基本流程来操作。

假设有顾客准备购买一辆新车，而销售者打算向其推销一款新上市的新能源汽车，这个时候，销售者不要急于直接推销新能源汽车，而应先在闲聊中询问对方的职业和居住环境、询问对方对车的看法、了解对方的收入情况，以及想要购买什么类型的汽车。接下来，销售者可以询问对方对燃油车的看法："关于燃油车，你遇到的最糟心的事情是什么？"让对方主动谈论燃油车的缺陷，并说出对新车的一些期待。然后，销售者可以进一步进行诱导，询问顾客是否知道油价的上涨情况，是否了解越来越多的限行和绿色出行的政策。比如："你知道新能源汽车补贴政策吗？现在国家正在逐步取消补贴，你听说了吗？"等到顾客对新能源汽车产生了兴趣，销售者便可适时提出解决性的问题："我这儿有一款新上市的新能源汽车，可以解决你所说的那些出行烦恼，你想要试一试吗？"

SPIN 是一个侧重于心理暗示的销售模式，它基本上按照客户的心理变化一步步进行引导。SPIN 销售模式可以有效推动顾客说出自己的真实想法，并引导顾客做出消费行为。需要注意的是，并不是所有的销售者都会严格按照SPIN的流程来执行销售计划，获得自己想要的信息，因为有一些阶段的提问可以同步进行，但无论如何，这种模式还是受到了人们的青睐。据统计，世界财富100强中的半数企业，都在使用这种销售模式训练自己的营销人员，以此来提高他们的销售效率。可以说，销售者还是可以尝试着使用这种提问的方式来获得自己想要的信息的。

提问要更加具体

众所周知，信息时代的一个重要特征就是信息大爆炸。为了确保更准确地获得自己所需的信息，人们往往会选择更具针对性的信息渠道（如从专业性更强的平台上获得信息，或者选择从特定的人那儿获取信息），选择一些更具针对性的方法（如看书、与人交流、浏览网页）。只有选择具体的模式与方法来获得信息，才能够有效减少信息干扰。

在销售工作中，销售者不可能漫无目的地收集信息，他们必须缩小范围，因此需要将信息收集工作压缩在特定的话题之内，或者缩小到特定的范畴之内，其中提问也是如此。作为一个技巧性很强的交流模式，提问不仅要让人听起来舒服，还必须具备一定的引导性，以提高交流的效率，获得自己想要的信息。那么如何让提问听起来更具针对性和引导性呢？最简单的方式就是让提问变得更加具体，而不是传递一个泛化的概念。

比如经常去4S店买车的很多顾客，通常存在以下几种情况：第一种是自己心中有了理想的车型，进店的目的性比较明确，就是为了咨询和购买心仪的那款车。这样的人往往有备而来，对相关车型做了一些了解，不容易被其他车型影响。第二种是进店时有了一些选择，但是还没有下定决心，他们打算进店看看有没有其他合适的车子。第三种属于漫无目的的，这类顾客没有想过要买什么车，进店后都是临时选车。

无论是接待哪一种顾客，销售者通常都会这样提问："你喜欢什么品牌的汽车？"这样的提问乍一听起来没有什么问题，毕竟销售者一开始的目的就是为了套取顾客买车的信息，只有弄清楚对方的想法，才能对症下药，给出自己的建议和意见。但实际上这种提问方式有一个弊端，那就是很容易陷入被动，因为顾客往往会按照销售者提问的方式给出答案，"我喜欢×××车"，或者"我听说×××车还不错，就过来看看"，而这些答案往往和销售者心里想要推销的车型是不一致的，这种不一致就会增加沟通的难度。

假设销售者希望多推销一下自己店里的宝马车，那么当他询问对方喜欢什么品牌的汽车时，对方如果给出的答案是凯迪拉克或者沃尔沃之类的品牌，那么销售者的销售难度就会增加。因为当顾客给出一个答案时，销售者可能会沿着这个答案继续深挖相关的信息，而背离了自己想要改变对方想法的初衷，导致推销的难度加大。如果销售者从一开始就这样提问："你喜不喜欢宝马汽车？"或者说，"你认为宝马汽车怎么样？"这时，除非顾客早就有了心仪的目标，否则他是很有可能会打听宝马车的相关性能的。这个时候，销售者就可以在第一时间将话题拉到宝马车上来。

很多经验丰富的老销售者都喜欢使用这种提问方式，"你觉得×××的产品怎么样？""你了解×××的产品吗？""你用过×××的产品吗？""你家里是否有×××的产品？"这些提问方式有一个很大的特点，

183

那就是比较具体、比较直接，它们不像其他问题那样笼统，而是会具体指出某个产品或者某个品牌。这种具体的提问会直接压缩顾客的表达空间，将话题引向自己所要销售的产品上。那些笼统的提问则会拉长双方的对话，以至于销售者可能不得不配合顾客的答案来延伸话题，这对销售者来说非常不利。

尽管看起来只是一些简单的提问，但对销售者来说，提问越是具体，针对性越强，引导性也越强，整个销售工作也就越有效率。一般来说，具体提问的方式有很多种，可以依据销售场景的变化而进行合理选择。

其中最常见的就是缩小范围，描述具体的消费行为或者消费场景。这种提问方式，简化了销售流程，直接将话题设定在自己想要推销的产品上。比如，当销售者笼统地提问时，整个流程是这样的："你平时喜欢购物吗？"——"你一般去什么地方购物？"——"你有没有去×××大卖场买过东西？"

相比之下，更高效的提问方式则是这样的："你经常去×××卖场购物吗？"

除了缩小范围之外，提问的时候也可以尝试着给出具体的分类。很多销售者会这样提问："你喜欢购物吗？"这个提问非常笼统，想要弄清楚顾客的消费情况，后续还要询问顾客"购买什么""喜欢什么品牌"，或者"侧重于产品的什么功能"。然而，更高效的提问方式会明确给出一个分类：

"你试过锁水功能强的化妆品吗？"——这是功能划分。

"你认为×××牌的产品怎么样？"——这是品牌划分。

"像这种中档的产品，你喜欢吗？"——这属于档次划分。

在提问中给出具体的分类，往往可以缩小目标范围，引出自己的品牌和产品。与之类似的，还有一种常见的细化规则的提问方式。简单来说就是在提问时设定相应的规则，将话题管控在自己设定的规则内。

"同等价位下，你对我们的产品有什么看法？"——设定一个价格模式。

"不知道你对打折的产品，有没有兴趣？"——设定折扣这个规则。

"如果仅仅是看重音质，不知道你听没听过这款手机的音效？"——设定功能需求的限制。

"如果你喜欢国产品牌的话，为什么不试试这款产品呢？"——设定品牌属性的规则。

规则的限制与设定，本身就是为产品服务的。销售者可以按照自身品牌所具有的属性设定规则，从而突出自身产品的优势。

总的来说，无论是缩小范围、具体分类还是规则限定，本质上都是为了直接将话题引到自己的产品范围内，借以掌握更多的主动权。

转变表达方式，避免顾客给自己挖坑

很多顾客经常会问："你的东西能便宜点吗？"对于销售者来说，这样的问题往往是一个陷阱，到底回答"能"还是"不能"呢？事实上，这个问题无论销售者怎么回答，都会产生不好的效果。回答"能"的话，销售者就会陷入被动状态，容易被顾客牵着走，毕竟只要主动做出了妥协，就可能步步失守；如果直接回答说"不能"，双方的对话又可能会受到影响，甚至就此终止，这并不是销售者乐于见到的局面。

同样，有的客户可能会提出这样的要求："如果你们将价格调低一些，我们就立即签订合同，否则我们就立即离开，不知道你们愿不愿意？"面对这种充满压迫的表达，销售者该如何回答呢？回答"愿意"还是"不愿意"呢？似乎无论怎么回答，都会把自己推向一个非常被动的境地。

还有一些顾客会给销售者戴高帽子，通过戴高帽子的方式套近乎。他们会说："你人那么好，应该会给我优惠的吧？"或者这样说："我听说你很大方，做生意有一套，你看我特意来你这里照顾你的生意，你不会不给我一些折扣吧？"

类似戴高帽子的行为，常常会在情感上令销售者倍感压力大增，不知所措。

其实，销售本身就是一个博弈的过程。无论是销售者还是顾客，都会想办法为自己争取更大的利益，双方需要在不断地谈判和调整立场的过程中寻求一个彼此都能接受的平衡点。销售者有时候需要展示强硬，有时候需要适当妥协。但无论如何，都需要制定合适的策略，采取合理的表述。

以上面的两个问题为例。当顾客给出条件，并询问能不能或者愿不愿意时，销售者不要跟着对方的节奏回答问题，而应及时跳出问题的框架，转变思维和表达方式，选择通过其他的方式来给出回应。比如，当顾客询问是否能降价时，销售者可以这样反问："不知道你想要多少货？"

这样的反问不仅可以快速转移身上的压力，而且会给对方一些模棱两可的暗示。对方会产生这样的想法：是不是我买得多，就会以更加优惠的价格拿到产品？而事实上，销售者并没有这样说。通过转移话题，销售者开始掌握主动权，并且成功地将顾客带入自己的节奏当中。双方有可能会针对数量与价格的关系进行深入探讨，也可能会单纯地在数量上多做文章。而无论接下来的谈话怎样，销售者都可以成功地摆脱价格陷阱，给自己的谈判增加条件和筹码。

与寻求价格优惠相似的是，许多顾客喜欢了解销售者的底线和底牌，这样就可以在谈判中掌握更大的主动权，因此常常会这样问："说吧，你这里的产品最低价是多少？给我一个具体的报价。"在面对这些问题时，销售者如果直接给出一个底价，就会陷入被动，因为对方可能会继续讨价还价。这个时候，之前设定的底价可能还会被迫继续降，这就是销售者过早暴露自己的底线而丧失主动权的代价。因此，更聪明的做法是直接回应："公司并没有一个所谓的底价，在应对不同的顾客时，公司会依据具体的消费行为，推出相应的折扣优惠与赠品活动。"

这个回答有效地避免了底价的问题，让定价问题变成一个非常灵活的话题，使顾客由于没有一个具体的固定的点可以进行"攻击"，从而失去主动权。

还有一种常见的陷阱就是，顾客经常会提出一些选择题，让销售者做出选择，而这些选择题的答案往往存在漏洞。比如某公司准备出货，几家大客户都赶过来谈判。其中一位客户当着大家的面，直接问公司负责人："你准备将产品卖给我们，还是他们？"或者："你准备同我们合作，还是同他们合作？"只要稍加分析，就会发现这类选择题基本上都是坑。无论怎么回答，都会得罪另一方，弄不好就会导致自己在行业内彻底失去顾客的信任。

那么在面对这种选择性的提问时，应该如何避免被人抓住把柄呢？

这里有两个常见的方法。

第一个就是想办法加入新的选项，平衡一下原有的关系。比如销售者可以这样说："我手头上有几个项目，当然欢迎你们都积极来参与合作。"这种表述就可以有效避免纷争。

第二个就是考核对方，销售者可以反问对方："我可以看看你们在这个项目上的策划方案吗？"这样就可以有效转移压力，将问题从"你需要我做什么样的选择"，转化成为"你们能够提供什么样的价值"，从而有效避免自己落入陷阱。

如果对顾客提出来的一些相对刁钻的问题进行分析，就会发现一些破绽。这些问题大都比较直接生硬，直接回答肯定会陷入被动，不如给对方的提问设置条件，通过条件来约束对方的要求，并为自己的选择提供更大的空间，从而将主动权夺回手中。顾客问销售者愿不愿意、能不能、可不可以或者会不会，本质上都是一种压迫。而销售者要做的就是暗示顾客："先满足我提出来的条件，你提出来的问题才有办法解决。"

总的来说，当顾客提出刁钻的问题时，不要急于回答，不要顺着对方的问题去思考和回应，而要积极转变思维。既然对方给我们设定了一个不利的规则，那就要果断跳出规则，设定一个新的规则，确保自己不被对方牵着鼻子走。

尽量不要给顾客说"不"的机会

销售者想要说服顾客往往很难,因为市场竞争越来越激烈,顾客的选择也越来越多,顾客有更多的底气说"不",这对销售者来说是一个巨大的挑战。那么,如何才能更好地减轻销售压力呢?最直接的方法就是尽量不要给顾客说"不"的机会。

让顾客不说"不",听起来似乎很难,毕竟顾客有权表达自己的想法,这不是销售者能够控制的。但实际上只要掌握好沟通的技巧,就可以减少顾客说"不"的次数。

比如,很多销售者会试探性地询问顾客,听听他们对自家产品的反应,于是经常会提出以下这些问题:

——"您喜欢我们的产品吗?"

——"如果有机会的话,您还会购买我们的产品吗?"

——"您是否现在就可以做出购买的决定了?"

——"您觉得我们的产品比其他品牌的产品更好吗?"

在这类提问中，由于选择的主动权完全在顾客手中，销售者根本无法提供任何切实有效的干预措施来影响顾客的选择。如果顾客对这个品牌的产品缺乏认识，或者认为这个品牌的产品还不够好，就可能会给出否定性的答案，而销售者此时就容易陷入被动。

想要避免陷入这种被动局面，销售者就需要主动转变自己的表达方式，尽量不要给顾客留下说"不"的机会，最常见的就是将那些答案为"是"或者"不"的问题，转化为自我描述型的开放式问题。

比如可以这样询问顾客："您对我们的产品有什么感想？"或者："说一说您对我们的产品的使用体验。"又或者可以询问对方为什么要选择这类产品，或者为什么喜欢线下购物。

还有一种比较常见的方法，就是提升顾客选择的难度，隐藏或者直接删除那些否定性的选项。

比如有家面馆为了创收，开始时不时地往面里加鸡蛋，所以每一次他们都会询问顾客："请问你的面里要加一个鸡蛋，还是不加鸡蛋？"对于很多吃面条的人来说，鸡蛋并不是必备的食物，虽然很美味但可有可无，因此不少人选择不加鸡蛋。正因为如此，面馆开张半年，一共才卖出去 120 个鸡蛋。店长认为大家肯定都不怎么喜欢吃鸡蛋，于是打算再也不问顾客是否需要往面条里加鸡蛋了。

有个新应聘的服务员得知店里的销售情况后，提出了一个新的销售方法，也即他在每次接待顾客的时候，都会这样说："面条里加鸡蛋会更好吃哦，请问，您是要加一个鸡蛋，还是加两个鸡蛋？"结果，仅仅是那一个月，店里就售出了 780 个鸡蛋。和单纯的捆绑销售不同，服务员并没有强制顾客吃面时必须加鸡蛋，而是巧妙地设置了一个更难的选择：加一个鸡蛋还是加两个？这样一来，顾客原先面临的"加一个鸡蛋或者不加鸡蛋"的选择，就变成了"加一个鸡蛋或者加两个鸡蛋"的选择。这个时候，无论怎么选，都会加鸡蛋。

这种销售方式在销售中比较常见，其最基本的逻辑就是，既然必须让顾客做出消费上的选择，那么最好的办法就是增加难度，让他们无论做出什么样的选择，都会接近销售者的预期目标。

总的来说，销售者不要轻易向顾客提出那些涉及"是"或者"不是"的选择题，而要转化一下表达方式，让顾客谈论自己的感想和体验，这样可以更好地避免顾客说"不"。

除此之外，想要避免顾客说"不"，就应该尽量让顾客回答一些更容易说"是"的问题。也就是说，销售者提出的问题，更容易引发出"是"的回答，而不是否定性的答案。比如，销售者在向顾客介绍一款产品之前，不要急于介绍产品的性能和质量，不要直接询问对方是否需要这款产品，而应选择当面多说一些赞美的话，类似于"从您的穿衣打扮看得出来，您平时很有主见，眼光也不错，我说得没错吧"。面对这种令人舒适的话，顾客很难会说"不"，而这就为双方的对话奠定了一个良好的基调。

也可以先提出一个观点，引导顾客进入自己的谈话节奏。比如销售者在出售化妆品时，不要急于谈论化妆品的性能，不要急于询问顾客是否喜欢某款化妆品，而要谈论紫外线对皮肤的伤害，谈论皮肤保护的重要性。然后以此来引出化妆品防紫外线的功能，这样就可以引导顾客进入自己的节奏，降低他们否定产品的可能性。

假如销售者实在找不到合适的话题和对话，可以选择一些明知故问的问题，诸如"听口音，您一定是本地人吧""您身上的衬衫也是我们店里的产品吧""我想这位一定是您太太吧""您进门的时候，见到我们的促销广告了吗""我们这家店是本地最大的专卖店，您应该知道的吧""您的眼光那么好，应该看出来这些羽绒服里面都是上等的鸭绒"，等等。这些问题表面上听起来没什么太大的意义，但是接二连三提出这些问题，往往会帮助顾客形成一种思维惯性和对话惯性。当顾客多次点头说"是"的时候，就越来越不愿意给出一个否定性的回答来破坏这种惯性，或者说破坏对话双方构建起来的默契。

在销售活动中，顾客往往占据更大的主动权，毕竟他们拥有选择的权利，但销售者完全可以想办法适当掌握对话的主动权，引导顾客按照自己的预期去做决定，这就需要销售者通过更富有技巧的对话来提升自己的影响力。

多问顾客几个"为什么"

在管理学中,有一个精益管理理论,其中就谈到了一种非常实用的沟通方法:遇到什么事情时,先主动问 5 个"为什么"。只要对方不是有意隐瞒事情的真相,就可以通过对方对这 5 个问题的回答找到自己想要的信息。在销售活动中,也可以使用这种沟通方式。销售者如果想要更好地了解顾客的心理状态和一些基本的消费信息,就可以选择多问几个"为什么",实现对信息的深度挖掘。

从沟通的角度来说,多问一些"为什么",往往具有两个基本的作用:

第一个作用,销售者可以通过更多的问题来完善相关的顾客信息。一个问题往往就会得到一个信息甚至是多个信息,而更多的问题则会在信息的广度和深度上进行延展。这些信息有助于完善顾客相关的信息库,形成一个顾客的全方位的、立体的形象。比如询问顾客"为什么喜欢这类品牌"或者"为什么喜欢这种类型的产品",就可以了解对方的消费理念、消费习惯和消费层次;询问顾客"为什么要换购所用产品的风格",就可以了解顾客的现实需求；询问顾客"为什么购买东西时很果断"，就可以了解顾客的性格。总而言之，当顾客回答的问题越多的时候，销售者对顾客的了解程度也就越高，这有助于销售者制定更具针对性的沟通策略。

  第二个作用，就是推动彼此之间的交流。在对话中，互动交流往往是一个重要的机制。如果只是一方说一方听，那么整个交流活动就会显得枯燥，而且双方之间难以建立真正有效的联结。尤其是对于销售活动来说，互动显得非常重要。通过互动交流，销售者不仅可以了解相关的顾客信息，还能加强与顾客的感情联络，拉近双方的关系。一些和购买计划或者购买行为无关的生活话题都非常适合用来交流。比如销售者可以先倾听对方谈论自己的生活，然后提出一些问题来引导和深入相关话题。当顾客谈到自己从大城市搬家到小城市的经历时，可以询问对方为什么要搬到这个城市；当顾客谈到自己的工作时，可以询问对方为什么可以坚持那么多年。

  随着销售活动日益受到重视，越来越多的企业和商店，都要求销售者必须懂得如何提问，懂得如何与顾客、客户进行深度交流，而深度交流的最好方式就是多问几个"为什么"。苹果公司的CEO库克就非常善于提问，他不仅经常向员工接二连三地提问，也希望员工在面对顾客或客户时，可以有针对性地多问几个"为什么"，让顾客或客户说出更多相关的信息。很多化妆品公司，也在积极培训员工，提升他们与顾客交流时的提问能力。在这些公司看来，任何一种消费行为都有相应的动机和原因，只要挖掘出其中的动机和原因，就可以掌控销售的密码。

  当然，为了提高沟通的效率，销售者在提出问题的时候，一定要注意给予对方一些赞美，比如"很难想象，像您这么优秀的人，在大城市里已经事业有成，为什么还要搬到这个小城市里来"，或者"我了解这份工作，事实上身边有很多朋友连一年也坚持不下去,为什么您能够坚持那么久"。通过赞美,可以让问题变得更容易被人接受,对方也乐于针对这个问题进行深入剖析和挖掘,从而提供更多有价值的信息。

还有一点,提问必须自然、高效,销售者需要找准对话中的核心问题。核心问题往往可以体现出纵向推进的思路,是探索信息的关键节点。更重要的是,这类核心问题具有很好的延展性,可以确保其他相关问题在横向上进行拓展,从而确保整个对话在横向结构和纵向结构上都得到拓展。这些核心问题主要分成两种:

第一种是自己能够以此找到高价值信息的问题,简单来说,就是销售者想要从顾客口中获得什么样的关键信息,就可以有针对性地提出什么样的核心问题。比如,当销售者想要了解顾客对该产品是否感兴趣,或者是否具有足够的忠诚度时,就可以提问:"看您的穿着打扮,我非常好奇,为什么您一直都在穿戴这个品牌的产品呢?"这一类核心问题往往可以直接反映出顾客的消费心理和消费理念。

第二种就是顾客在意且是一个很好的交流突破口的那一类问题。其实想要找到这些问题,销售者可以尝试着抓住对话中的一些关键点,迎合顾客的兴趣和自我展示的需求。比如某顾客在聊天时刻意强调了自己经商成功的经历,那么销售者就可以针对这个点大做文章,满足顾客受尊重的需求:"对了,您刚才说到了经商的事情,听起来很酷,请问一下,您为什么对这段记忆感触那么深?"或者也可以问:"您刚才谈到了创业的事情,我知道很多创业者大都一开始就会遭遇失败,我特别想要知道,您为什么一开始就能获得成功,而且到了现在,还能做得如此出色?"对于销售者来说,抓住一些顾客希望表现和展示的内容,进行深度挖掘,这样不仅可以更好地拉近彼此之间的关系，还能从中获取更多的信息。

　　需要注意的是，销售者无论是针对一些销售方面的话题进行提问，还是就一些生活闲聊进行提问，都要坚守一个基本原则，即注意保护顾客的隐私。只要涉及隐私的问题，一律不问，以免触及雷区。

巧妙借助"问题—行为"效应

在某次服装展销会现场,某品牌的销售者在现场介绍自己的产品,谈起了各种面料、各种类型的衣服之间的优劣,谈到了衣服与个人健康之间的关系,也聊起了衣服对个人社交形象的影响。

突然,他问了围观者一句话:"对了,我想问一下,你们平时有没有遇到这种情况:当你需要接待一个重要客户时,发现对方一直盯着自己起球的衣服看?"

当问题提出十分钟后,很多人都对这一品牌的服装产生了兴趣,开始打听这一服装的特点。

如果进行分析,就会发现这是典型的"问题—行为"效应。简单来说,就是当人们提出某一个问题之后,这些问题可能会引发倾听者对自身行为和习惯的分析,然后有针对性地做出调整,确保自己没有违背问题中隐藏的正确行为模式。在上面这个案例中,销售者提出来的问题,其实就是一种引导,消费者或顾客受到问题的影响,从而认为"衣服起球"会影响个人的外在形象,甚至有可能会让自己失去别人的尊重,所以他们会出现一种"绝对不穿起球衣服"的想法,并产生"这个服装品牌的衣服一定不会起球"的联想,最终酝酿出购买这款衣服的欲望。

从本质上说,"问题—行为"效应其实是一种高明的心理暗示。通常情况下,提问者已经有了一个比较明确的答案,他通过提问的方式不仅可以引发顾客的思考,还能避免过多的说教引发顾客的负面情绪,从而更巧妙地宣传自己的观点。这种暗示的方法在日常生活中很常见,在销售工作中更是被当作一种非常实用的方法。这个效应的关键在于:挑选顾客的软肋,设计一个问题来刺激对方。这时,销售者会暗示对方"如果你没有这么做会面临什么","如果你做不到,会失去什么","如果你没有这个,会遭遇什么困境",正是这些暗示让顾客感到担忧,并产生"我要购买这种产品来摆脱困境"的想法。

国外一家卖健身器材的公司,每年都会安排销售者举办一些产品推广活动。在活动现场,主讲者先是谈论健身的好处,谈论普遍存在的亚健康状态,谈论过劳现象以及过劳现象的威胁,做一个基本的铺垫,然后安排其中一位销售者打扮成医生的模样,让他走到消费者面前,询问消费者"有多久没有健身了"。很多人都不会对健身器材产生什么兴趣,可是当一个"医生"站出来询问"多久没有健身",健身就突然变成了一个严重的健康问题,顾客会担心"自己如果不健身,可能会面临严重的健康问题"。这个时候,在"医生"的心理暗示下,消费者便会担心太久没有健身将给身体健康带来巨大威胁。

在销售活动中,提问一直都是一个引发思考、促进深度交流的有效方法。有时候,哪怕是一个非常简单的问题,也可能会产生很大的作用。一般来说,提问往往会引发顾客的思考,诸如思考"对方说的是什么""为什么会这样说"。如果能够针对顾客关心的话题进行提问，就可以有效发挥"问题——行为"效应的作用。

在利用这个效应的时候，往往有一些技巧：

首先，提问者不要询问顾客对产品的看法，不要询问一些关于产品的问题，而要将生活中的一些令人尴尬且与产品使用息息相关的现象结合起来询问。类似于卖保健品的人说"你的胆固醇高吗"，或者类似于"你每天都按照要求摄入×××克的维生素C了吗"，这些问题通常都是大家容易忽略的问题，或者与个人比较关注的东西相关的问题。

其次，提问者提出来的问题，要避免复杂化，答案也要尽量简单，一般回答"是"或者"不是"、"有"或者"没有"、"行"或者"不行"即可。但越是这种简单的提问模式，越直接，越有力量，自然也就更容易引起顾客的思考，让他们从自己做不到的事情上，自然联想到提问者推荐的产品。

再次，提问者在提出问题之前，需要适当做一些铺垫，重点介绍一下和问题相关的内容，谈论某个主题，然后强调缺乏这个东西会失去什么或者带来什么伤害。这个时候，当销售者提出相应的问题时，顾客便会联想到之前的铺垫。

最后，在提问的时候，销售者可以使用激将法来刺激顾客，通过言语刺激顾客去挑战消费项目。比如销售者在推荐一款新潮的外套时，就可以这样询问顾客："是否有勇气挑战一些出格的装扮？"又如，一位出售辣翅的销售者，可以这样提问："你能承受六级的辣味吗？"这一类问题具有激将法的性质，容易引发顾客的好奇心和挑战心理。

总的来说，销售者所提的问题一般都应具有比较明确的指向，提问的目的性要强，而且这些问题都应有一个比较明确的执行标准，顾客会非常在意这些执行标准，并且在销售者的引导和暗示下，想办法去执行这些标准，这就决定了他们的思路容易跟着销售者走。

需要注意的是，在提问的时候，必须保证提出来的问题不会侵犯个人的隐私，不会触及个人的伤口，不会让顾客难堪。提问的目的是刺激顾客的焦虑心理，从而引导顾客关注产品，而不是伤害对方。

提出一些询问相反概念的问题

《学会提问：实践篇》一书的作者粟津恭一郎，是日本早稻田大学研究生院亚洲太平洋研究科国际经营学专业的毕业生，毕业后曾在索尼公司负责人事、经营战略等工作，利用在英、德两国出差的机会积累了丰富的工作经验。后来，他在一家公司担任高管教练，主要就是负责培训那些大企业经营管理者及下一代经营管理者。他的工作非常简单，就是提问，而且是向那些大企业高管提问，以此来收取高额的佣金。

很多人都不理解为何那些企业高管明明很优秀，却心甘情愿地倾听那些提问呢？对此，粟津恭一郎认为，一些高质量的提问，可以有效改变客户的发展轨迹。事实也正是如此，工作多年，粟津恭一郎一直兢兢业业地为客户服务，不断提出问题，而那些企业家和高管则像小学生一样毕恭毕敬地认真思考回答每一个问题。有时候，那些客户即便因为不想回答问题而动怒，在事后也会返回来道歉。

为什么会这样呢？粟津恭一郎认为很多高管虽然能力出众，但是在自我认知方面存在不足，而他能通过提问来引导对方认识自己，挖掘个人内心最真实的想法，明确个人的奋斗目标。他就像一个教练，帮助客户认清自己的工作能力和工作目标，找到最佳的工作方法。通过提问，他可以引导对方不断思考，从而保持最佳的工作状态。

关于提问，他总结了一个经验：人们谈论自己喜欢什么或者对什么感兴趣的时候，可能会因为选项过多而说不出来。如果询问他们最不喜欢什么或者对什么不感兴趣，他们往往可以很快给出答案，且非常具体。

粟津恭一郎根据自己的工作经验，谈到了询问相反概念的提问方式，并认为它可以更好地引导回答者说出自己想要表达的内容。从心理学的角度来说，人们对那些自己不喜欢的东西印象更加深刻一些。就像让某人谈论某人身上的优点时，往往会说不好对方哪里出色，但如果让对方描述这个人有什么缺点，肯定会很快说出对方身上哪里不好。

这种提问方式往往具有很强的适用性，可以在销售工作中充分施展。比如，某老板打算去外地开饭店，为了吸引大量顾客，该老板准备了解当地人的饮食习惯，派人做了大量市场调研。调研者随机采访了不少路人，直接询问他们："你们最喜欢吃什么菜？"结果有的路人说了一大堆，有的则说不出自己究竟最喜欢吃什么菜。经过一个月的调研，饭店收集了一大堆菜，但基本上都很散，毕竟每个人喜欢的菜都不一样。而按照这些调研结果来制定菜谱，无疑是一项巨大的工程，而且很难协调众人的口味。饭店老板想了想，决定发动第二次调研。

这一次，调研人员并没有询问路人喜欢吃什么，而是请他们说出最不喜欢吃什么。最后，在对调研结果进行整理之后，饭店老板发现本地人最不喜欢吃腌制类食物、内脏、猪油。因此，只须按照正常的菜谱来选菜，然后将涉及腌制品、内脏、猪油之类的菜品排除在外就行了。事实证明，这一次的调研结果非常正确，饭店开张后生意火爆，菜品深受本地食客欢迎。

这种对产品范围和类型的提问，将"你喜欢什么类型的产品"直接转化为"你不喜欢哪一种类型"的提问方式，显然更加聪明。假设直接询问顾客喜欢什么类型的产品，而顾客说出一个具体的产品或者品牌，若销售者根本没有这样的产品，就会给自己的推销工作带来困难。对方一听说没有自己最喜欢的产品，可能会直接走人。而询问对方不喜欢什么，则可以更好地避免这种尴尬，因为对方会给出一些不喜欢的产品的特点，而销售者巧妙地避过这些特点就可以了。就像饭店制定菜谱一样，想要满足每一个人的口味是不可能的，也没有必要这样做，因此只要没有大家讨厌的菜即可。这样做等于给了顾客更多的选择空间和可替换的空间。

又如销售者让顾客描述手机的优点，对方可能很难进行准确描述，因为顾客每天都在使用手机，对各项功能早就习以为常。即便是一些优点，在他们眼中也成了一个正常功能，就像智能手机丰富的 App、先进的触屏技术、出色的分辨率一样，人们并不会觉得这些是优点，也很难说出来什么优点和诉求。可是如果销售者这样问："你能说一下现在的智能机有什么缺点吗？"顾客可能会很快找出缺点：待机时间不长、使用寿命不长、兼容性差、手机病毒传播风险较大，等等。

通过顾客对缺点的描述，销售者就可以很快了解到顾客内心真实的想法，了解到他们对手机功能的期待，有针对性地介绍功能更加丰富、更加完善的手机。这种提问方式在挖掘顾客潜在需求，了解顾客对产品的期待上具有更好的效果，因为所指出的产品缺点本身就是消费者的痛点，而这些痛点，在描述产品的优点时是根本无法得到体现的。

正因为如此，在提问中，销售者应该积极转变思维，从相反概念入手，寻求更高效的突破口。这里谈到的相反概念，可以理解为对常规认知方式、常规交流方式的反转，寻求一种反方向内容的交流，为引出自己想要表达的内容创造有利条件。

第八章

想要把话说好，需要掌握一些基础能力

掌握一些最基本的说话能力

说话是最基本的一项沟通技能,很多人每天都在说话,但并不重视说话。如何把话说得圆满,让人听着舒服,是一门必修课。即便是一些最基本的沟通能力,也是需要长期练习才能达到要求的。这些最基本的说话技能包含以下几个方面:发音和吐字、语速和语调、逻辑顺序。

对于销售者来说,这些都是必须掌握的看家本领。首先口齿要清晰,吐字要清楚。任何一个销售者,想要让顾客购买产品,就得向对方介绍自己的产品,而口齿清晰则是最基本的要求。顾客如果听不懂销售者说些什么,就无法了解产品的性能,双方也就很难建立更好的联结,想要达成交易更是困难。

对于销售者来说,无论是介绍自己的产品,将产品的优势和特点说给顾客听,还是想要和顾客有更多的情感交流,都需要具备清晰表达的能力。发音清楚,每一个字、每一个句子,都明明白白。只有确保顾客可以听清楚话中的具体内容,才能够保证信息的有效传递。

口齿清晰是把话说清楚的基本前提，明确而合理的逻辑则是把话说透彻的关键要求。有很多销售者往往对顾客输出一大堆内容，可是由于不注重逻辑上的安排，语序不当，用词搭配不当，或者说一些病句，导致内容非常混乱，顾客根本无法理解具体的意思，从而对产品销售造成很大的影响。

比如某位销售者在批评市场上的一些假冒伪劣产品时，谈到了质量问题和安全问题，意在批判不合理、不合规的一些生产和销售行为，却使用"差强人意"这样的词汇来描述假冒伪劣产品的质量和安全。这显然违背了主题，产生了逻辑上的错误。这位销售者误以为"差强人意"是很难让人满意的意思，但实际上它的本意是大体上让人满意。这样，立场自然就出现了问题。

又如，销售者经常会举一大堆例子来证明产品很好；可是所举的例子、所提供的论点和产品一点关系也没有，或者关联性不强；这样，只会弄巧成拙。还有一些人说话逻辑混乱。比如销售者为了表明自己的产品非常受欢迎，可以说"我们的产品非常受欢迎，还签约了某天王巨星来做广告，产品卖得非常好"。这句话可以凸显出产品的巨大吸引力：明星愿意为之代言，普通人乐意为之掏钱。但如果不注重逻辑顺序，可能就会说成这个样子："我们的产品自从签约了某天王巨星，卖得非常好。"虽然一样凸显出了产品的明星效应，但是总给人感觉是产品沾了明星的光，而不是产品自带魅力。这样一来，就会给产品自动减分。

不同的表达方式往往会产生不同的效果，对于销售者来说，需要明确自己的逻辑，准确传递信息，让对方听得明明白白。而除了把话说清楚、把逻辑说明白之外，说话的语气、语调、语速也很重要。面对顾客时，说话的语气要温和、谦卑，而且语气的放缓和加强也很重要。正常情况下可以缓和一些，强调某些重要内容或者关键的问题时需要加强一些。

销售者应该控制好节奏，这种节奏控制不仅仅体现在语气的调节上，还体现在及时调节语速上。说话的节奏非常重要，而这种节奏感首先就在于语速的控制。一般来说，为了做到清晰表达，需要控制好语速，不能过快，也不能过慢。快了顾客听不清楚，慢了顾客可能会产生厌烦心理。一般情况下，保持正常的沟通语速即可。

不过，很多时候，销售者也需要及时调整语速，凸显出表达的重点和关键。比如加快语速往往意味着激动、兴奋、热情，意味着能量的传递。一般来说，当销售者聊到兴起，可以加快语速。这个时候，顾客往往能够感受到销售者的热情和能量。加快语速之后，顾客为了听清楚销售者的话，为了确保自己不会落下一些关键信息，就会集中注意力倾听。而有时候，销售者又需要放慢语速。比如在讲述一个感人的故事时，就可以适当放慢语速来调节情感，并做好情绪积累。又如在讲述一些需要重点强调的内容时，也需要放慢语速，以加强顾客的记忆。

还有，销售者需要把握好沟通的效率，尽可能简化沟通方式，谈论重要的、有价值的内容，而不要说了半天也没有说到重点。有的人，介绍了半天产品，依然没有说清楚产品是什么、最大的优势是什么；有的人说话过于啰唆，漫无边际，分散了顾客的关注度，导致对方无法收集完整的信息。

一个出色的销售者，必须拥有出色的表达能力。表达时条理清晰，简洁明了，在沟通之前就思路明确，知道自己应该先说什么、后说什么，需要重点渲染哪些方面。这样一来，销售者便可按照最简单捷方式表述自己的观点，掌控好说话的节奏和整个对话的进程，引导顾客跟着自己的思路走下去。

有研究表明，在与人交流的时候，人们往往只有很短的时间来说服他人，因为对方通常会在很短的时间内对发话人做出判断，看看是否值得交往，看看其信息是否有价值。对于销售者来说，如果不能在短时间内展示出良好的沟通能力和状态，就可能会丧失机会。比如面对面交流的时候，人们可能只有 2 分钟的时间来展示自己、说服对方。如果不能在 2 分钟内说出有价值的东西，顾客很有可能就会离开。如果是电话交流，发话人大概只有 30 秒的时间争取对方。而在语音邮件中，留给销售者的时间也许只有 10~15 秒。很显然，无论是哪一种沟通方式，都要确保说话简练，尽快展示自己的价值。

培养正确的说话习惯，打造更完美的形象

很多公司或者个人在销售产品的时候，常常注重对产品和销售现场进行包装，希望以此赢得顾客的信任，但在对产品和现场进行包装的时候，却忽略了对销售者本人进行形象包装。事实上，作为销售工作的主体，个人形象也很重要。甚至可以说，在推销产品之前首先就要懂得推销自己。销售者需要在顾客面前展示一个更好的形象，毕竟这个形象往往会影响顾客对此次消费的判断，影响他对产品的判断。

比如，一些糕点店的销售者不注意个人卫生，每天都穿得脏兮兮的。这样的形象，显然会影响顾客对糕点的判断，顾客会觉得糕点的卫生难以得到保证。又如，一些酒店的工作人员穿非主流的服饰，打着耳钉、套着鼻环，顾客看到了，可能就会对酒店的服务产生怀疑。同样，如果一个精品店的销售者成天抽烟，胡子拉碴、不修边幅，进店顾客对其个人形象的失望也会转移到产品上。

销售者的个人形象，往往关系到产品的形象和销售的效果。因此，一定

要注意对自己进行包装，尽可能展示一个良好的形象。一般来说，销售者想要塑造良好的个人形象，需要从各个方面进行包装。

比如销售者需要保持良好的个人精神状态。对销售者来说，个人的精神状态越好，越能够吸引到顾客，也越能证明自己可以应对这份工作。而良好的精神状态包含了自信、热情、专注、耐心和自我克制的能力，以及在面对顾客的时候，能够从容不迫地表现出自己的优势，用最佳的状态来感染顾客。很多公司的业务员，每天上班之前都会对着镜子微笑，调整好个人的状态才去见客户。

穿着打扮是提升个人形象的最直接因素。一个人的穿着打扮是否得体，是否能够显示出职业的属性，是否会给顾客带来安全感，这一点很重要。销售者一般都要穿工作服上班，或者穿得比较正式一些，以表达对工作、对顾客的尊重。

除了外在形象上的展示之外，会不会说话也很重要。比如很多顾客都会注意观察销售者是否热情、是否自信、是否表现出足够的诚意，他个人的道德素养如何，对顾客的态度如何。而这些，都可以从个人谈吐中表现出来。良好的表达，往往可以让销售者的形象变得更加完美，更加令人印象深刻。良好的说话习惯需要培养。

美国著名推销员乔·吉拉德从来不会在顾客面前吃口香糖、抽烟，也不会在顾客面前说低俗的笑话。很多销售者为了拉近与顾客的关系，经常会说一些粗俗不堪的笑话和俚语，但乔·吉拉德从来不会尝试这么去做。在他看来，那些粗俗的表达只会让顾客觉得自己没有品位。而在顾客眼里，一个没有品位和素质的人是不值得交往的，这样的人也无法提供什么好的产品。

在日常生活中，很多销售者为了活跃气氛，为了显示出自己的亲和力与幽默感，会与顾客开一些不合时宜的粗俗玩笑。而这些粗俗的、没有任何营养的玩笑，有时候会让顾客反感，尤其是在一些重要客户面前。实际上，即便是最好的朋友之间，最好也不要开低级的、粗俗的玩笑，以免给人留下不好的印象。

众所周知，乔布斯是个暴脾气，在公司内部被称作独裁者。员工如果没有按照要求完成任务，就会遭到他毫不留情的批评和指责，以致很多员工都非常害怕和他说话。然而，就是这样一个人，在面对客户的时候，却显得非常谨慎而温和。在和客户谈论合作事宜时偶有分歧，乔布斯也懂得克制自己的情绪，从来没有同客户产生过争执，也没有和客户红过脸。

情绪控制是对话时必须注意的一项重要内容，因为它是最容易影响个人印象的一个要素。很多人在顾客面前，遇到问题就喜欢争吵，企图通过争吵来满足自己的利益诉求。但喜欢大吼大叫、喜欢指责和争吵的人，只会让顾客觉得很受伤。一个优秀的销售者，应该养成良好的沟通习惯，拒绝通过争吵来解决问题。

除了以上两种不好的说话习惯之外，有很多销售者说话时，喜欢顾左右而言他，喜欢抬杠，喜欢给别人找错误，喜欢抢话以及随意打断他人谈话，喜欢在正式谈话前说一堆废话，喜欢把身体靠在沙发上，喜欢跷二郎腿……这些不良习惯，往往会给顾客留下不好的印象，从而影响对方对产品和服务的判断。

培养良好的个人说话习惯，首先要注重说话的内容，要说一些让人感到舒适的话，内容要积极向上，要符合社会主流价值观，而那些容易给自己形象减分的话要少说。很多人之所以喜欢说一些没价值的、粗俗的话，主要是因为平时和亲密的朋友就喜欢谈论这些话题，因而改变不良习惯的关键在于：和朋友交流时，就注意控制好习焉不察的坏习气，慢慢提升自己的谈话格调。

其次，要改进对话的风格，减少具有侵略性的表达方式，尽可能与对方保持和谐的交流状态。否定性的、攻击性的话最好不要说，也不要和顾客发生争吵和激烈的对抗。控制好情绪，才能让自己保持更好的对话状态。

最后，要注意说话时的肢体动作。良好的肢体动作往往可以增强说话的效果，还能提升个人形象。有时，一个不合理的肢体动作便可能会让顾客受到伤害，对双方之间的交流产生很大的负面影响。

需要引起注意的是，与人对话时要给自己设定一个监督机制和反省机制，经常回顾自己的交流是否妥当。只要发现有什么不良的表达，就要及时调整和改正，避免养成坏习惯。

把握说话的逻辑：金字塔式的结构化表达

有个销售者为了推销自己的一款新保健品，对顾客说道："我们手里的这款保健品可不同于市面上的其他产品。你看，一说起保健品，大家说得最多的就是'假产品'。市场上假货横行，到处欺骗消费者，保健品也有假的，但我的产品可以帮助机体吸收更多的营养物质，尤其是维生素，这是其他产品不具备的。我以前也买过劣质的保健品，吃了根本没什么用，有的还有一些健康隐患。我们的产品可都是真的，吃了会促进睡眠。有的人压力大，一天到晚工作，睡眠往往不好，每天喝一瓶，身体就会变得更加强健，失眠也会得到改善。有的人经常生病，身体很虚弱，可以试着喝一点，免疫力会得到有效提升，身体会更加健康。过去，大家都说保健品不是药，的确不是药，但是药物有副作用，保健品也有副作用，我自己也上过当。我现在推荐你使用我们的产品，不少女顾客用了之后肤色也变好了。此外，这款产品具有镇心凝神的功效，能够帮助人们缓解压力，具有一定的催眠作用。保健品的副作用很小，或者说基本没什么副作用，当然前提是你不能当水喝。"

如果仔细分析这段话，就会发现它的逻辑有些混乱，结构也比较松散，想要完全理解这段话的意思，弄清楚这个保健品的功能，可能会有一定难度。由于整段话听起来比较啰唆，有很多废话，顾客可能会失去倾听的耐心。其实，应该将整段话进行简化处理：

"市场上有很多保健品都是骗人的，但我们的保健品经得起市场的考验，拥有多重功效。首先，我们的产品可以促进身体吸收更多的营养物质，平时喝一点，可以帮助你吸收更多维生素；其次，这款保健品可以促进睡眠，它具有镇心凝神、舒缓压力和催眠的功效；最后，它具有基本的保健功效，每天喝一瓶，可以提高机体免疫力，还能美容养颜。"

经过简化和重新编排之后，就可以发现这段谈话的内容更加清晰，逻辑也更为合理，顾客基本上不存在理解上的困难，可以在短时间内轻松掌握产品的相关信息。这种简化心理模式其实就是构建结构化的表达。那么，什么是结构化表达呢？麦肯锡公司的第一位女咨询师芭芭拉·明托曾经提到过一个重要的表达模型：金字塔思考模型。这是一个层层分解的结构化思考模式，构建这个结构的两个基本元素就是论点和论据。

在金字塔思考模型中，人们需要找到一个核心主题，然后围绕这个主题层层向下分解，并且注重横向的拓展，从而形成一个类似于金字塔的结构。比如在上面的案例中就可以发现，改进后的谈话内容就是按照金字塔结构来表达的，谈话的核心主题是"保健品功效显著"。将这个核心主题往下分解，就可以得出三个基本的论点：促进营养物质的吸收、促进睡眠以及保健功效。接着，这三个基本论点又可以继续向下分解：促进营养物质的吸收主要是指维生素的吸收；促进睡眠主要在于它具有镇心凝神、舒缓压力和催眠等功效；保健功效则体现为增加机体免疫力和美容养颜。

在分解的过程中，销售者会依据中心内容（核心主题）进行分解，谈论保健品的各种优势和功能。同一层次的内容可以横向排列，尽量不出现遗漏，将各种功效都提及。而不同层次的内容则进行纵向分解，为了避免逻辑上的混乱，要尽可能分解到不能再往下分解为止。金字塔思考模型是非常典型的结构化表达方式，也是一种非常高效的结构化表达方式，可以帮助销售者更高效地传递自己想要表达的产品信息，也可以帮助顾客更高效地理解和掌握相关的产品信息。

按照这种结构化的表达方式，销售者的表达会显得更有层次，也更有逻辑。比如在介绍某款产品的竞争优势时，销售者可以对产品的优势进行分解，分别从价格、性能、服务、品牌力、情怀等方面进行分析，并针对这些论点给出相应的论据。比如，价格上比其他竞争对手更低一些，而且每年都会有返利活动，价格是逐年降低的；产品的性能非常强大，功能丰富，质量有保障，可以直接在现有的技术平台上进行性能上的升级。至于服务、品牌力和情怀方面，也可以有针对性地给出各种论据。

又如，在向顾客说明某款产品不太适合的时候，可以从产品定位、使用成本、品牌影响力等几个方面进行分析。

产品定位：该产品适合北方天气，南方天气湿热，上半年雨水多，利用不充分；该产品功能丰富，但对于使用者来说，单一的功能已经足够了，多了也是浪费。

使用成本：该产品质量也好，但价格很高，普通家庭完全可以寻找其他更便宜的替代品。由于是进口产品，售后服务的站点很少，零件也需要进口，产品后期的维修成本很高。

品牌影响力：该产品的品牌属于中等层次，在国内市场的影响力一般。

在同等价位的情况下，完全可以选择那些顶级的国产品牌，那些品牌质量更好，知名度更高。该进口产品的服务成本过高，一直遭到消费者的吐槽，口碑并不那么好，而且它在二手市场并不受欢迎，折价率很高。

对于销售者来说，自己在介绍产品、闲聊或说服顾客的时候，都可以按照金字塔思考模型的结构化表达方式来谈论自己的看法。这种方法，可以更加清晰地传递相关的信息，确保双方沟通的顺畅。

分清主次顺序：让表达更高效

有家公司准备与自己的客户进行合作，并希望双方在各个不同的领域进行尝试，建立稳定而亲密的关系。为了说服自己的客户，公司的负责人约客户一同吃饭。席间，公司负责人准备直接向客户说明来意，并事先准备了两份稿子。

第一份稿子："我公司准备在下个月举办一次沙漠旅行的活动，公司真诚地邀请贵公司也参加这个活动。还有，我今天带来了一些双方在各个项目上的合作方案，记得上次也和您谈过这件事。我希望双方可以共同培训员工，打造一个交流互动的网络平台，大家平时可以在上面相互交流一下。接下来，就是加入市企业家协会的事。最后，我这里有一份关于双方共同开发新市场的合作方案，希望您有时间考虑一下。考虑到新市场的巨大开发潜力，贵公司将直接获得大约20%的收益。具体估计的话，这些收益可能会达到3000万元。"

第二份稿子："这里有一份关于双方共同开发新市场的合作方案，希望您有时间考虑一下。按照新市场目前的潜力，通过这一次的合作，贵公司将直接获得大约20%的收益。具体估计的话，这些收益可能会达到3000万元。当然，我们还可以在其他领域深化这种合作。你看，我这一次还带来了其他项目的合作方案，包括共同培训员工，共同加入市企业家协会，还有打造人员互动交流的一些学习平台。另外，我公司下个月举办的沙漠旅行活动，我打算邀请贵公司一起参加，我方已经拟好了活动的项目和参与者的名单。"

这两份稿子中的谈话内容都是一样的，只不过顺序有所不同。很多人会觉得这段话无论怎么说都没有问题，只要将所有的内容呈现给客户就行了。但是从沟通的角度来说，第二份稿子的表达方式会更加合理高效。为什么这么说呢？最重要的原因就是它迎合了一些交流的习惯和信息接收的习惯。

对于客户和顾客来说，他们更希望从一开始就感受到对方的合作诚意，这种诚意主要就体现在价值获取上。如果销售者一开始就没有给出足够的价值诱惑，那么客户的兴趣就会减弱，对双方后续的交流就会产生消极影响。在第一份稿子中，公司负责人讲述了一堆并不重要也没有太多价值的合作项目后，客户的耐心和兴趣已被消磨掉了一些，以致对后续的一些收益不那么敏感了。而在第二份稿子中，负责人一开始就谈到了客户最关心的收益问题，合作的兴趣被快速点燃，对于后面谈到的其他合作项目自然表示同意。

销售者在与客户沟通交流的时候，需要将实际获得的利益展示在客户面前，将客户关心的事项按照重要的程度进行排序，确保可以在第一时间吸引到客户的关注。一般来说，可以将对方最感兴趣、获益最大的内容放在最前面，然后说出那些次要的内容。

如果销售者没有办法在一开始就抓住顾客的眼球，就难以建立很好的个人印象。这个时候，顾客可能会快速放弃这一次的交流。人的注意力是有限的，一般情况下，越是到最后，人的兴趣和注意力越是会下降。因此，将那些更有价值的信息放在后面并不明智，若那样做，可能话都没有说完，顾客就已经打算拒绝了。先说顾客最关注或者获益最大的事情，显示出了销售者对顾客的重视，而先说那些无关紧要的事情，只会使顾客觉得自己的需求没有得到重视。

在这里可以参照四象限法则，这是美国著名管理学家史蒂芬·柯维提出来的一个重要管理理论。他认为人们可以将自己要面对的工作按照重要和紧急两个维度进行划分，将其分为四个象限：既紧急又重要、重要但不紧急、紧急但不重要、既不紧急也不重要。这个法则在与顾客沟通的时候同样有效，为了提升沟通的效果，成为吸引对方的关注，销售者应该先说那些既紧急又重要的事情，然后说那些重要但不紧急的事情，接下来可以说一些紧急但不重要事情，最后才是说那些既不紧急也不重要的事情。

在面对顾客的时候，有时未必需要划分得那么精细。但想要成功吸引顾客，一定要在第一时间传递一些更具价值的信息，让对方感觉到这一次对话是有价值的，是可以带来更多收益的。如果双方所谈论的内容都具有价值，那么就要对价值和收益进行评估，先说顾客获益最大或者对顾客影响最大的事情，然后谈论其余事项。

假设销售者准备向顾客介绍好几款产品，那么就要先介绍那些顾客最喜欢、最想要购买的产品。比如某个顾客打算买一套新衣服，顺带看一看有什么合适的裤子和鞋子。那么，顾客最关心的就是自己能不能买到心仪的衣服，然后才是裤子和鞋子。如果销售者一见面就先介绍裤子和鞋子，无疑会弄巧成拙。

此外，销售者在向顾客介绍产品的时候，可以先介绍那些顾客最关注的特性。比如顾客最关心的是产品的价格,那么一开始就可以说明价格上的优势;如果顾客最在乎的是质量,那么一开始就应该谈论质量上的优势;如果顾客最喜欢的是服务,那么可以率先介绍产品的服务项目。

总而言之,只有先迎合顾客最大的利益和需求,才能更有效地激发顾客的兴趣。

烘托对话的氛围：保持幽默的风格

在销售过程中，氛围的烘托非常重要，可以说氛围越好，销售的成功率就越高。如果销售现场经常冷场，顾客就会因为双方之间难以产生更好的联结而失去购物的兴趣，此刻销售者想要赢得顾客的信任并说服对方就非常困难。要知道，销售行业大都与服务相关，顾客非常重视个人的体验，而这种体验首先就是对氛围的感知。在销售过程中，服务态度、对话氛围、服务水平、服务时机都很重要。如果一直冷场的话，整体的服务质量就会严重影响到顾客对产品的判断。

比如，当双方没有什么话说时，顾客可能就会觉得销售者非常冷漠，对自己也并不重视。或者他们会认为连销售者自己也对产品没什么信心，因此缺乏销售的动力和积极性。在沟通中，顾客往往会依据双方之间交流的氛围来进行判断。因此，活跃、轻松的氛围将有助于彼此之间的交流，刺激顾客购买的欲望。

那么，销售者该如何来营造轻松愉悦的沟通氛围呢？最简单的办法就是保持幽默的交谈风格，以轻松愉悦的方式和顾客进行交流。

美国学者赫伯·特鲁曾这样阐述幽默的特质："幽默是一种特性，一种引发喜悦，以愉快的方式娱人的特性；幽默感是一种能力，一种了解并表达幽默的能力；幽默是一种艺术，一种运用幽默感来增进你与他人关系的艺术；幽默是人际关系的润滑剂，它以善意的微笑代替抱怨，避免争吵，使你与他人的关系变得融洽、更有意义；幽默可以帮助你减轻人生的各种压力，摆脱困境；幽默能帮助你战胜烦恼，振奋精神，在沮丧中转败为胜；幽默能帮助你把许多的不可能变成可能；幽默比笑更有深度，其产生的效果远胜于咧嘴一笑。当你把你的幽默作为礼物奉献给他人时，你会得到同等的，甚至更多的回报；幽默能使人更喜欢你、信任你，因为他不必担心被取笑、被忽视。所以人们希望与幽默的人一起工作，乐于为这样的人做事，而且希望与一位有幽默感的人成为终身伴侣。总之，幽默是一切奋发向上者身上必不可少的力量。"

有个推销员上门推销自己的生发剂，和其他推销员只会喋喋不休地介绍自己产品的强大性能不同，该推销员只提了三个要求："第一，不要用生发剂来洗澡或者洗脸；第二，避免用生发剂来施肥；第三，最好不要将生发剂倒进鱼缸里。"

很明显，相比于直接介绍产品的性能，该推销员的描述更有意思。这三个独特的要求看上去有些荒诞不经，但实际上恰恰以幽默的方式呈现出了生发剂巨大的功效。对顾客来说，这样的描述不但很有趣，而且让人对产品的性能感到印象深刻。

同样地，有个顾客在购买某款产品时，发现该产品存在一些瑕疵，于是就向销售者指出了该产品存在的问题。销售者并没有慌张，而是微笑着说：

"你瞧,我就说您的眼光好吧,早知道应该聘用您到公司的质监部门上班。"就这样,原本尴尬的对话变得趣味十足,顾客并没有因为这一个残次品就放弃购物。

一个幽默且有魅力的销售者,往往会让他的产品看起来更具吸引力,也会让顾客产生更大的亲近感。

那么,如何才能让自己看起来更加幽默呢?世界著名的创新思维大师爱德华·德·波诺举了一个非常生动的例子:一个人在讲笑话的时候,思维原本沿着某一条道路前进,经过短暂的停顿,突然转到另一条道路上去,在新的道路上,人们会发现自己原先走过那条道路。爱德华·德·波诺认为恰恰是非对称模式下的认知转换模式,才导致幽默效果的产生。因此在打造幽默效果的时候,应该重点把握非对称的交流模式。

在陈述某个事实的时候,可以选择以一些夸大甚至荒诞的方式来描述细节,从而产生认知转换的效果。比如,一个保险推销员会这样说:"我们的保险业务包罗万象,如果外星人打算投保,我们也会接单的。"将外星人的投保行为也纳入业务范围,听起来有些荒诞,但恰恰证明了这家保险公司的业务强大。

故意曲解也是一种非常实用的方法,通过曲解意思来实现非对称交流同样可以制造幽默的效果。比如顾客说:"你们的衣服款式不错,就是颜色有点冷。"销售者则笑着说:"那好办,你洗的时候放温水里浸泡几分钟,就热一些了。"很明显,顾客所说的"冷"是一种色系问题,而销售者所认为的冷热问题则是温度问题,这种曲解无疑会产生非常好的认知转换和非对称效果。

还有一种常见的引发幽默效果的模式就是制造逻辑错位。一个问题,往往会有一个明确的逻辑线，如果选择在其他逻辑线上进行解读，就会产生两种逻辑的错位。比如顾客说道："这街道上有三家店铺，如果干掉一家，你们的生意会怎样？"销售者故作紧张地指了指墙上的猎枪道具："你瞧，那可是一把假枪。"顾客的原意是如果某个竞争者退出市场，这家店的市场份额会不会增加。但销售者的逻辑是："我并不打算靠这把枪干掉某个竞争对手，而且它也不是真枪。"

销售者平时可以留心锻炼自己的语言沟通能力，尽可能在与人交流时加入一些幽默因子，提升自己的幽默指数，确保自己的表达更加有趣，以便更能够拉近自己与顾客之间的距离。

掌控好销售节奏：神奇的 NEADS 法

销售者往往都希望能够快速说服顾客掏钱购买自己的产品，但考虑到现实的交易情况，想要速战速决并不容易。即便是那些顶级的销售者，也不可能凭着自己的一两句话就直接说服顾客购买产品。销售其实是一个买卖双方相互博弈的过程，里面涉及各种各样的信息战和彼此之间的心理战，它需要一个试探和摸索的过程，逐步了解顾客的需求。

正因为如此，在销售过程中，人们需要保持耐心，需要端正自己的心态，同时还要掌握一套合理的行之有效的沟通方法，逐步找到突破口。著名的推销训练大师汤姆•霍普金斯曾经创造了一套非常实用的销售方法，这就是 NEADS 法。这套销售方法注重信息的搜集和心理引导，逐步找到说服消费者的法门。

那么，什么是 NEADS 呢？

N（Now，现在），指的是挖掘和了解顾客现在所拥有的东西，像对方的消费经历、消费习惯、喜欢的品牌、工作经历、积累的财富、消费的金额，都可以了解。销售者需要通过交谈的方式获得顾客的第一手资料，比如询问对方平时喜欢购买什么类型的产品，是不是经常逛街，做什么工作的。一些简单的对话往往就能够挖掘出自己想要的信息，还能开启相关的话题继续交谈下去。

E（Enjoy，享受），主要是指顾客对自己正在使用的产品，或者当前享受到的服务有什么感觉，自己一般按照什么标准和原则购买。这种享受的感觉其实往往能体现出个人的消费倾向和消费理念，还能呈现出个人的消费热点和规律。销售者把握住了这些信息，就知道该如何去开启话题，迎合对方的兴趣。

A（Aspiration，意愿），是指顾客在日常消费中总结了丰富的经验，从而对消费产生一定的期望。他们知道自己喜欢什么、需要什么，也知道当前使用的产品有什么特点，还缺乏什么功能。对销售者来说，了解了顾客的意愿，就等于挖掘了市场需求，只要及时做出调整，在销售工作中迎合对方的期待，阐述自家产品和服务的优势，就可以更快地获得顾客的信任。

D（Decision maker，决策者），指的是决定是否购买产品的人。很多顾客对产品可能有购买的需求和意愿，但他们可能没法决定是否要消费，因为最终拍板做决定的人并不是他们。就像孩子们喜欢零食，但是否要买可能是家长决定的。一家公司的采购员可能对某产品很感兴趣，但需要回公司请示老板才能做决定。在销售过程中，了解消费背后的决策者至关重要，这直接决定着产品销售的结果。因此销售者必须通过询问的方式，弄清楚谁才是背后做出购买决定的人。

S（Solution，解决方案），是指销售者向顾客允诺会提供相关的产品和服务，找到实现这一承诺的方法，确保对方拥有更好的消费体验。通常情况下，顾客对自己所使用的产品提出一些看法和质疑，甚至可能会产生一些不满的情绪，销售者需要认真倾听，然后给出一个解决问题的方案，从而稳定和强化顾客购买产品的决心。

为什么很多销售工作会显得低效，甚至引起顾客的反感？原因就在于很多销售者遇到顾客之后，常常迫不及待地询问对方想要购买什么产品，然后在一旁喋喋不休地介绍自己的产品，殊不知这样很容易打击顾客的消费欲望。正确的做法应该是先和顾客闲聊，了解对方的一些基本消费信息；然后把握对方的消费兴趣，让他们说出内心的需求和意愿；接下来明确一下谁才是那个真正掏钱的人，并针对对方对产品的质疑和不满，给出合理的解决方案。只有这样，才可以更好地吸引顾客。

假设某手机店销售者接待了一位顾客，当对方在店内闲逛的时候，该销售者可以与之闲聊，询问对方平时喜欢做什么，进而了解对方的生活习惯和职业。接着，可以将话题引到日常消费上来，通过观察对方使用的手机，主动和对方谈论手机的性能和使用习惯，比如"你这款手机当初是爆款""你这手机性价比很高"，或者"看得出来，你对于这类高像素的手机非常喜欢"。销售者要善于通过顾客的回应来了解他们喜欢什么样的手机，并且进一步询问对方有过什么不愉快的体验，比如待机时间太短、像素太低、电池容易发热、玩游戏会卡顿；然后了解他们对手机有什么要求，或者期待手机有什么新功能。

接下来，销售者应针对顾客的新需求，提供符合要求的手机款式，向对方介绍和推销这些手机。当然，销售者应想办法弄清楚对方是不是能够做出购买决定，比如询问对方是不是一个人来的，是给自己买手机还是给别人买手机。销售者也可以隐晦地表示这只是自己的建议，顾客可以再考虑一下，或者征求一下家人、朋友的意见。通过类似的交流，销售者可以找到这次购买手机的最终决策者。

不过，顾客虽然看中了手机，但可能会提出一些要求，比如能不能便宜点、可不可以提供更多的赠品、能不能分期支付、维修期可不可以适当延长等。销售者必须认真倾听顾客的要求，想办法提供解决问题的方案，尽量让顾客放心消费。只要能满足顾客的需求，顾客就有很大的可能购买手机。

仔细进行分析的话，就会发现 NEADS 是一个循序渐进的销售过程。销售者必须保持耐心进行沟通，一步步去解读对方的心理，挖掘对方的需求，然后有针对性地给出营销方案。只有这样，才可以更好地把握机会。在对顾客还不了解的情况下，不要操之过急。

高效结尾：寻找连续沟通的机会

在销售中，销售者为了提升销量，往往有两种办法：一种是拓展新的顾客，不断增加新客源，来维持销量增长的趋势；另一种是留住老客户，培养客户的忠诚度，通过消费次数的累积来增加销量。培养顾客的忠诚度比较难，因为顾客的选择比较多。很多时候，他们的消费也存在目的不明确的现象，随机性太强，产品对顾客很难形成黏性。

比如很多人逛街就是随机性的，并没有一个明确的去处，加上产品的同质化比较严重，缺乏明显的竞争优势，顾客更容易趋向于走到哪儿看到哪儿。这一次在 A 店里购物，下一次可能就会跑到 B 店里消费，再下次又可能去 C 店里购物，这种不规律的消费模式很难留住顾客，顾客的忠诚度更是无从说起。

那么，对于销售者来说，究竟怎样做才能让顾客成为回头客，并慢慢建立品牌忠诚度呢？最直接的方法就是提升产品的品质，打造更具辨识度和更具价值的品牌。但要做到这一点并不容易，毕竟只有少数企业、商家和销售者具备这样的实力。另外一种方法就是提升沟通能力，利用技巧性的沟通创造连续沟通的机会，为顾客的二次消费创造条件。

比如某人去菜市场买菜，随便走到一个摊位前，这个时候，卖菜的大婶非常热情地招呼了他。完成交易后，大婶礼貌地说了一句："好吃的话再来买。"

第二次，这个人来到菜市场买菜，看了一眼大婶的摊位，就走了过去。事实上，这个时候的他对产品的忠诚度并没有建立起来。对他来说，这里的产品说不上具有优势，这里的销售者也说不上熟悉，可能只是靠着上次留下来的一种惯性去购买产品——"我上次就是在这里买的，那么这次也接着在这里买算了，反正在哪里买都一样。"而这种惯性和大婶的"好吃再来"这句话有关，正是这句话引发了他的消费记忆，推动了他的二次购买行为。

在日常消费中，顾客可能不会刻意去规划自己的购买行为，尤其是当自己购买的东西偏向大众化，且拥有众多替代品时，他们最有可能选择随机消费。面对这类顾客，销售者要做的就是想办法增强顾客的消费记忆，比如说一声"下次再来""下次给你一些优惠""下一次，我们会有很多新产品"。也可以强调一下店名，并说："我们的店，每周六都有优惠活动，可以来看看。"诸如此类的对话和提醒，都会强化顾客的消费记忆。

除了增强消费记忆之外，还可以想其他办法创造二次交流的机会。比如，当销售者将产品卖给顾客之后，如果希望顾客成为回头客，可以这样说："你要是有空的话可以来店里坐一坐，和您聊天真愉快。""听你的口音，我们应该是老乡，你要是有空，就来这里坐坐，聊聊天。"或者说："用了本店的产品之后，如果您对本店有什么建议，下次来可以直接和我们说，大家交流一下。"

在销售活动中，努力和顾客建立一些情感联结也很重要。销售者可以以此次消费为契机，和对方建立起更稳定的关系。比如，可以与顾客谈论各自的生活，了解顾客的一些兴趣爱好，尤其是寻找双方共同的爱好，然后一起交流和探讨。通过私人联系和情感联结，可以让顾客成为自己的忠诚客户。

在寻求更多沟通机会的时候，销售者都会想办法先完成交易，通过成功的交易来增强消费记忆。如果顾客进店买东西，发现并没有自己想要的商品，可能会直接离开，并且很难再次进店消费。因为在很长一段时间内，顾客的意识中可能都留有这样一个信号：这家店里没有自己想要的东西。面对这种情况，销售者应该如何留住顾客呢？

其实，销售者可以对顾客这样说："如果方便的话，可以留下您的电话，下次如果有您中意的货到了，我立即打电话联系你。"当顾客留下电话之后，销售者就有了联系对方的机会。如果顾客认为自己不方便留下电话号码，销售者可以留给对方自己的电话号码。顾客也许不会打，但当他产生需求的时候，可能最先想到的就是给销售者打电话，而不是漫无目的地满大街寻找。

给双方留下一个问题，然后等待着寻找机会去解决，这是一种比较常见的寻求二次交流机会的沟通模式。具体的操作就是设置一个当前未能解决的问题，那么双方就有机会第二次接触，继续寻求解决问题的方法。这类方法比较实用。比如当顾客购买了某件衣服后，销售者可以告诉对方"我们还有一批新的裤子，只可惜这一次没有到，过几天你再来看看，和衣服非常搭"。

无论什么沟通方法和模式，想要产生二次联结的作用，都需要确保双方之间有更深入的互动。具体来说，需要销售者坚守一些基本的原则，比如一定要在沟通中保持真诚，因为真诚的态度是吸引顾客的关键。如果言语表达敷衍了事，顾客可能再也不会光顾；一定要注意挖掘和激发顾客的需求，了解对方的真实需求，看看对方缺什么，希望买到什么，有什么想法和意见，并且有针对性地给予满足的机会，这样才能真正建立二次联结。还有一点很重要，销售者最好想办法要到对方的电话等联系方式，或者搜集更多对方的信息，通过对信息的把握来寻找更好的联结机会。

第九章

主动锻炼说话能力，才能让销售更成功

多参加销售活动，提升表达能力

许多销售者注重学习销售技巧，他们会购买相关的书籍去学习销售的理论知识，会想办法学习他人的表达方式和沟通法则，甚至直接报班学习那些销售大师的方法，并坚信这种方法可以帮助自己获得很大的提升。

从效果来看，学习更多的理论知识和方法，的确可以丰富自己的说话技巧，可以提升一些解决沟通问题的能力，但别人提供的方法和技巧只能作为一种参考，因为每个人实际上面临的销售环境是不一样的，具体所做的销售工作也千差万别，面对的顾客也不一样，更别说销售者自身的素养和能力，所有的不同都使得人们不能完全照搬他人的模式来展开实际的工作。销售者需要明白一点：很多所谓的好方法未必真的适合自己。那些真正高效的说话方式、真正高效的销售方法，需要自己在实践中不断摸索。当然，也可以借鉴别人的理念和方法，但一定要在实践中加入自己的理解，融入自己的心得。

销售大师和顶级的销售培训大师从来不会直接建议销售者学习自己的理论知识，也从来不会向人保证自己的方法就是万能的。他们总是鼓励销售者参加各种实践活动，去接触更多不同类型的顾客，去接触不同的销售活动，去体验不同的销售环境，以此来调整和优化自己的销售方法。事实上，他们也是在不断的实践活动中积累经验，并建立自己的销售体系的。卡耐基说过，如果一个人仅仅是坐在那里听别人演说，不知道付诸行动，那么下一次他还是会犯下同样的错误。销售者如果没有实践作为基础，那么个人的销售能力也会受到制约。

如果销售者想要提升自己的沟通能力和表达能力，就要在学习理论知识的同时，将这些理论知识融入现实的销售活动中去，在销售实践中摸索出适合自己的方法和技巧。相比于学习理论，参加销售活动，和顾客进行交流的一个好处在于：销售者和顾客之间会有实际的互动，顾客会在交流中提出一系列的问题，会施加各种压力，会采用各种策略满足自己的利益诉求。销售者可以切身地感受到这种互动带来的压迫感，并促使他们做出相应的回应，想出更好的办法来说服对方。

对于很多没有销售经验的人来说，可以把握以下几个步骤：

首先，可以选择跟人。简单来说，就是跟着行业内的前辈或者领导，一起出去销售产品，看看他们是如何进行销售的，是如何吸引并说服顾客的。注意观察他们的沟通方法与技巧，并随时观察顾客的反应，将这些沟通方法与技巧记下来，作为自己的第一手资料。

其次，当领导、前辈和顾客打交道的时候，自己也可以尝试着加入对话当中，大胆表达自己的看法，主动和顾客对话，培养自信心，同时把握这种对话和沟通的感觉。随着自信心的提升，以及对顾客的了解，可以适当增加自己的戏份，尝试着使用一些技巧和方法，进行初级的实验。

接着，当自己有了更大的自信之后，可以尝试着脱离领导和前辈的庇护，承担起销售的重任，一个人去面对顾客，与顾客进行交流和谈判。在这个阶段，销售者可能会因为经验不足而遭遇各种困难，但不必害怕和气馁，要在实践中不断试错，争取找到说服顾客的最佳方法。为了完善自己说话的技巧，提升自己的沟通能力，必须不断参加实践。

乔·库尔曼是美国销售界的传奇人物，更是全美推销员里收入最高的人之一。在其25年的推销生涯中，他成功推销出了超过4万份人寿保险，平均下来一天有5份。事实上，刚入行的时候，乔·库尔曼的表现并不好。他非常羡慕行业中的那些经验丰富的推销员，想象着有朝一日也能像他们一样，在顾客面前表现得游刃有余。

为了实现自己的目标，乔·库尔曼意识到只有不断向顾客推销产品，自己才能够在实践中获得进步。因此他每天都跟在那些有经验的同事身后，学习他们的表达技巧，看看他们是如何说服顾客心甘情愿掏钱购买保险的。随着经验的增加和自信心的提升，他开始单独出去推销产品，尝试着和不同行业、不同类型的人打交道，认真总结自己的交流方法，然后将自己总结好的方法继续投入实践中去验证和完善。由于工作经验越来越丰富，他的表达技巧也越来越纯熟，并且形成了自己独特的风格，受到了顾客的欢迎，最终成长为一个出色的沟通者和推销员。

果然是实践出真知，任何一种成长都需要通过实践来实现。销售者可以通过实践，验证个人的方法是否适合，可以通过实践来完善自己的说话技巧，丰富自己的表达方式。还有，个人的信心和思维往往也需要在销售活动中培养。没有足够的历练，个人的状态很难提升到一个更高的层次上。

努力和自己不喜欢的顾客打好交道

由于职业属性的不同，销售工作往往也不一样，而这就导致每一个销售者都有自己的舒适区，习惯在自己的节奏中工作，习惯在自己喜欢的环境下出售产品，也习惯于和自己喜欢的顾客交流。但是，如果一个人想要提升自己的销售能力，想要让自己的表达能力更上一层楼，就要懂得说服自己去适应不同类型的顾客，尤其是大胆去面对自己不喜欢的顾客，突破自己的舒适区，迫使自己获得更大的成长空间。

其实，想要突破舒适区，主要在于提升个人的意志力和理性思维能力，要督促自己去面对那些不喜欢面对的人和事。科学家发现个人的理性思维是由大脑皮质控制的，大脑皮质负责掌控和抑制大脑边缘产生的冲动情感以及冲动行为。比如当人们面对外界的威胁时，大脑皮质就会下达理性命令。这些命令会通过眼窝前额皮质迅速传达到大脑边缘，避免人们被愤怒、嫉妒、暴躁等不良情绪影响，做出一些不理智的行为。

而眼窝前额皮质位于前额叶，接受来自背内侧丘脑、颞叶、腹侧被盖区、嗅觉系统和杏仁核的直接神经传入，并负责将神经传送到大脑多个区域，它能够感知环境并指导个人的行为。眼窝前额皮质有三个功能区，分别负责"我要做""我不要做"以及"我想要做"。其中"我要做"的功能区主要处理一些复杂的、有压力的疑难杂症，负责提醒人们不要偷懒和逃避；"我不要做"功能区主要负责抑制冲动，提醒人们什么事情千万不能做；"我想要做"的功能区则负责处理个人的欲望和生活目标。当人们产生一些欲望和干扰目标执行的想法时，它就会跳出来制止，并强化个人的执行力。

在日常生活中，人们通常都倾向于做自己最喜欢做的事情，倾向于做自己最擅长做的事情，或者倾向于做自己最感兴趣的事情，而对于舒适区以外那些自己不喜欢做的事情，则保持一定的距离。但生活有时候需要人们做出调整，需要人们去适应和挑战舒适区以外的模式。对于销售者来说，也是如此。当面对自己不喜欢的顾客时，一定要保持理性，要提醒自己主动与对方交流，保持正常的沟通状态，甚至应要求自己做得更好，勇敢挑战自我，克服内心的恐惧，解决自己遇到的困难。只有这样，才能真正地突破自我，提升自己说话的能力。

有个顾客每次到商场买东西，都是挑三拣四地批评一番，然后常常什么也不买，等到第二天、第三天，又到店里挑选商品。面对这样挑剔的顾客，商场里的很多销售者都明确表示不想为其提供任何服务。在他们看来，这样的人纯粹就是来捣乱的，不仅浪费自己的时间，还可能让自己一整天都心情不佳。

有个年轻的销售者听说这件事后，主动请缨，希望为这个难缠的顾客服务。于是他每天都负责接待对方，一开始，他也被对方折腾得手足无措。对方经常会对产品提出一些非常奇怪的要求，还时不时对年轻人的穿着打扮吐槽一番。但年轻人并没有生气，当顾客来到商场里购物后，他仍旧兢兢业业地帮忙介绍和指导，还不断想办法和对方聊一些购物以外的事情。回家之后，他便对自己一天的沟通技巧进行总结，不断完善和提升。

结果一个月以后，年轻人不仅摸透了对方的性格和脾气，还和对方成了好朋友。这个顾客不仅每天来他这里购物，还带了一大批朋友过来。而此后，年轻人发现自己的情绪控制能力和沟通技巧也提升了不少。

在自己的舒适区内，人们往往会按照一种既定的或者习惯的模式去与他人交流，虽然这并不会影响他们的社交活动以及他们的销售，但这同样会影响个人的成长和能力的提升。由于无法得到有效的锻炼，销售者只会原地踏步。相反，当销售者进入一个自己不习惯的环境和节奏中时，他就必须不断寻求改良的方法，不断尝试着去提升自己解决问题的能力。在面对那些难缠的顾客或客户时，销售者应该主动与对方交流，尝试不同的交流方法和沟通技巧，寻求一个最优解。

从个人的发展来看，和自己不喜欢的人打交道，本身就是挑战自我的一种方法，是督促个人变得更强的一个重要方式。所以，销售者需要转变思维方式，主动接受这样的挑战。美国著名的投资大师彼得·林奇刚进入富达公司的时候，主动去接近那些傲慢的企业家和投资者。他发现要说服更多投资人，获得更多关注，就要主动去接近那些大客户，就要忍受他们的轻视、傲慢以及无礼的对待，并找到征服他们的办法。正是因为每天都尝试着和华尔街的客户交流、对话，他才培养起了出色的沟通能力。同样地，当人们在评价麦肯锡的咨询师们的工作时，业内的专家总会这样表示：如果你每天都要面对这样一群高要求的客户，很难不会变得更好。

所以，销售者需要将自己放入一个更加复杂、更有压力的环境中，才会不断获得成长的机会。只有面对那些更加挑剔、更加难以应付的顾客，个人才能掌握更多高效的沟通方法。

加强学习,做好知识的沉淀

许多人在谈论销售工作的时候,会认为销售的关键就是提升个人的说话技巧,只要提升了个人的表达技巧,那么销售工作就会非常轻松。但事实并非如此,那些只注重提升谈话技巧的人,并没有真正将销售工作提升到一个很高的水平上。如果对世界上最出色的销售者进行分析,就会发现这些人除了拥有丰富的沟通技巧之外,还拥有丰富的知识储备,其文化知识沉淀非常深厚。

从沟通的角度来说,任何一种沟通首先都必须言之有物,而这里强调的言之有物就不仅仅是技巧,还包括了专业知识以及对事物的认知模式。技巧只是一种辅助性的东西,没有足够的知识储备,销售者是无法把话说到位的。

比如某个销售者常常可以把话说得很圆融,让人听着很舒服,人们可以称他具备高情商的沟通能力,但如果一个人不仅具备了高情商,而且与人说话时非常有内涵、非常有气质,让人忍不住想要与之交流,这就不是技巧能够决定的了。只有知识储备丰富的人，才可以把话说得那么吸引人。

沟通技巧本身是可以快速掌握的，但个人的气质和气场是要长期积累的。一个说话自带气场的人，必定有足够的内涵和丰富的内在，没有足够的积累和沉淀，个人是无法成长到这样的状态和层次的。而且，即便是技巧本身，也需要个人知识储备的支撑才能发挥作用。换句话说，只有肚子里有货，才能实现说话技巧功效的最大化。

举一个很简单的例子：销售的对象往往来自各行各业，不同的顾客通常都处在不同的社会阶层。这些人的消费习惯不一样，接触的事物不一样，接收信息和理解信息的能力也不一样，想要和他们建立联结甚至是深度联结，必须强化知识储备。而只有自己获取了更多不同类型的知识，只有对各行各业的人都有一定的了解，才有底气和实力去交流。如果知识沉淀太少，往往会影响谈话的质量和销售的效果。

从实际的销售工作来看，销售者需要掌握很多的知识。首先，就是自己所涉及的行业所需的专业知识。需要了解行业的标准，需要了解市场的发展历史和发展前景，需要对竞争对手的产品有足够的了解，这是最基础的知识储备；其次，销售工作本身就涉及经济学和数学方面的知识，如果缺乏相应的知识，销售工作的开展难免遇到困难；再次，销售工作往往离不开博弈，因此需要掌握博弈方面的知识以及心理学知识，才能掌握主动权，提高销售的成功率；最后，做好销售工作需要强大的思维能力，需要构建强大的思维体系，而这些思维能力的培养离不开个人对知识体系的整合，只有掌握了更丰富的知识，以及拥有足够的生活见闻和人生阅历，才能有条件去整合、去构建强大的思维体系。

美国思科公司的总裁钱伯斯几乎每隔两天就要亲自和客户会面，向客户介绍自己的产品。而为了提高自己的销售效率，他每年要阅读大量的书籍，完善自己的知识储备体系。微软公司的实际掌控者比尔·盖茨，同时也是公司最出色的销售者。为了推广自己的产品，比尔·盖茨不遗余力地到处宣传。平时，他还非常喜欢阅读，几乎会阅读各种书籍，每年都要消化掉几百本书的知识量。不仅如此，他还要求微软的星级团队必须接受销售培训，确保所有的销售者可以掌握最先进、最高效的销售理念。

销售训练大师汤姆·霍普金斯17岁的时候进入房地产行业，他渴望像其他人一样可以卖掉更多的房子。可是在进入行业一年的时间里，他连一套房子也没有卖出去。后来他意识到自己必须提高销售能力，必须想办法增加知识的积累，才能实现进步。于是他参加了一个为期五天的销售培训课程，之后他逐渐开始掌握销售的方法。不仅如此，他还努力学习，向行业精英请教沟通的方法，观察他们是如何说话的，让自己变得越来越出色。几年之后，他开始在地产界大展身手，创下了一年成交365套房子的惊人纪录，成交率达到了惊人的98%。正因为如此，在29岁的时候他就拥有了私人飞机，31岁时他干脆选择退休，专心传授自己的销售技巧。

这些成功的销售者，无一不是通过学习来提升自己的沟通技巧和销售能力的。在他们看来，知识才是决定销售成果的关键因素。无论什么时候，他们都会努力丰富自己的知识储备，加强自己的知识沉淀。

相比之下，很多销售者可能没有这种不断学习的意识，绝大部分的时间都用来打电话，外出跑业务，或者向顾客介绍产品性能和产品价值，极少安排时间去学习。其实，无论是从个人成长的角度，还是社会竞争机制的要求来说，一个优秀的销售者都必须不断提升、不断进步。无论是在精神层面还是文化层面，都应该做到这一点。销售者必须建立正确的观念，意识到知识的重要性，然后分配出更多的时间去学习知识，阅读不同种类的书籍，向各行各业的优秀人才学习和请教，参加一些高端的培训课程。

当然，想要真正积累更多的知识，还应该做好时间管理，每天抽出一些时间来学习。比如，许多人抱怨自己平时很忙，没时间阅读。但事实并非如此，智能手机的普及改变了我们原有的生活方式和工作方式，在这个信息碎片化时代，社交与工作大部分都可以在手机上处理。而我们的销售者上班时，总是不时地在看手机。同样地，外出时候也时不时地在看手机，这些碎片化的时间，其实就是看书的好机会。如果细心观察，就会发现这些碎片化的时间可能都不止一小时，这些时间完全可以用来提升自己。即便不利用碎片化的时间，每天也可以在下班后花费一些时间看书。

为了督促自己学习，销售者可以制订一个学习计划，记在本子上。然后要求自己每天都必须完成，如果没有完成就要做出相应的惩罚，通过这种自我约束的方式来保证学习时间。

平时要多思考

《思考的技术》（2021年，中信出版社）一书中曾谈到这样几段话："解决问题的根本就是逻辑思考能力。先见之明、直觉也是从逻辑思考中产生的。由于绝大多数人没有养成逻辑思考的习惯，所以就缺少了能够解决问题的思路。"

"每天锻炼逻辑思考能力，你就可以逐渐洞悉问题的本质。洞悉本质就是看清楚问题真正的原因，并找出正确的解决方法。"

"不管自己的情绪如何，对于所呈现的事实，一定要虚心接受。因为这是解决问题的前提条件。只有弄清事实之后，才能进一步思考什么是正确的，什么是应该做的。"

对于那些致力于提升沟通能力的人来说，思考是一个不可或缺的方法。它可以帮助销售者挖掘出更多的信息，挖掘出更多沟通的突破口，并寻找到自我提升的方法。比如，经常思考可以有效改进自己的沟通方式，完善自己的沟通技巧，形成自己的销售风格。而一个出色的销售者懂得反省并整合自己的销售方法，找到持续改进的秘诀，以此来提高沟通的效率。

思考分为几种形式：第一种是探索性的思考。简单来说，就是销售者缺乏销售的经验，或者迫切地想要改变自己落后（不合理）的销售模式，因此会去探索一种高效的模式。这种探索并不完全是自己冥思苦想，销售者会结合实际生活和经验进行分析，并适当地向其他人学习。比如思考怎么说话更加高效、怎么表达才会让顾客感到更舒服、怎么表达才能够避免冲突、怎么表达才会引起顾客的注意。

这种探索性的思考也可以是一种讨论模式。销售者可以将自己的一些想法说给朋友们听，然后让他们帮忙给出一点意见和建议。销售者也可以同大家进行讨论，共同思考、相互促进，从而形成一个更加完整的沟通模式和体系。

第二种是自我反省式的思考。销售者需要针对自己的销售行为和表达方式进行回顾和反省，找到自己的优点和不足，争取不断改进和完善。比如一些优秀的销售者就会对自己的沟通方法进行复盘，找出不足之处，扩大自己的沟通优势，然后形成更为合理、高效的沟通方法。

"复盘"原本是一个围棋术语，本意是指下棋的人在下完一盘棋之后，会在棋盘上把对弈过程重新摆一遍，看看自己哪些地方下得好、哪些地方下得不好、哪些地方可以产生不同的下法、哪些地方可以选择更好的下法等。后来这个词被广泛运用到心理学当中，指的是人们在完成某个流程或者做完某项工作之后，会抽出时间重新回顾和梳理之前的行为以及所做的事情。其中，重点是回顾自己的思维模式和行为模式，从而了解自己哪些地方做得不够好，哪些地方需要及时改正，哪些地方可以继续强化和推进。复盘属于一种独特的思考方式，主要目的在于找出那些不合理的地方，找出不合理的原因，并加以改进，确保自己可以不断进步。

销售者想要提升自己与顾客的沟通能力，就需要对自己每一次的销售活动尤其是表达方式进行复盘，看看自己在哪些方面表现得不够好，想办法重新组织语言，找到提升说服力和影响力的方法。

麦肯锡公司在早期开拓市场的时候，就非常注重销售技能的提升，公司会强化培训员工的业务能力。不仅如此，公司还会要求所有推销业务的员工在完成工作之后，必须找一个安静的地方，对自己的业务流程进行复盘，对自己的沟通模式、沟通策略进行总结。

当时，公司非常看重沟通的效率，并提出了著名的"30秒电梯法则"。公司特别要求每一个业务员在销售工作完毕之后，对自己的表达进行深入剖析，看看有哪些地方可以改进，哪些地方可以继续简化，确保能在更短时间内表达清楚相关的信息。正因为如此，业务员的信息整合能力自然与逻辑思维能力得到了有效提升。

复盘是一种比较实用的思考方式，对于那些想要实现自我提升的人来说，可以反复回顾、推演和改进自己与顾客之间的对话，提高对话的效率。事实上，复盘可以更好有针对性地纠正一些不合理的销售习惯和表达习惯，从而完善自己的沟通方式。

无论是探索性的思考，还是自我反省式的思考，都是对个人销售能力的一种提升，而这种提升方式必须注意以下几个原则：

——必须以顾客为中心

相关的思考必须迎合顾客的需求。换句话说，销售者应该按照顾客的基本信息和消费需求进行各种能力设定和方法设定。比如一个销售法拉利汽车的新业务员，遇到的客户是一位艺术家，那么他就可以思考要不要试着和对方谈论一下法拉利的设计理念，或者聊一聊艺术圈的那些故事，而不是想着和顾客谈论投资方面的事情，或者谈论华尔街最新的金融信息。销售者想要提升个人的表达能力和沟通水平，就需要给自己的思考找到一个合适的突破口。

——理论和实践相结合

从最终的效果来说，思考需要和实践相结合起来。毕竟只有在销售实践中进行验证，才能将思考的结果落到实处，才能够持续不断地进行改进。所以当思考出新的表达方式和沟通的技巧时，一定要付诸实践，以此来获得完善的机会。尤其是当销售者不了解顾客的状况时，这种摸索性质的思考更需要得到验证。

——思考一定要逐步深入

思考的本质在于挖掘真相，或者说挖掘事物的本质，因此思考是一个逐渐深入的过程。如果销售者只是简单地停留在一些较为肤浅的层面上，很有可能会影响沟通的效率。想要让自己的表达处于更高的层次，就需要保证思考的质量和深度。比如，很多销售者在对个人的销售活动进行复盘时，往往只停留在修复和改进一些语调、语速的控制或者词汇的应用上，却没有去想过改进自己的内容和方法。比如：是不是可以讲一个故事，或者是不是可以运用自己情感的魅力，或者是不是可以提升自己的逻辑思维能力。

销售者应该养成积极思考的习惯，并且注意掌握思考的技巧和原则，确保自己可以更好地掌控整个沟通的局面。

后记

销售过程中打造自己的说话风格

在新的营销时代,产品营销不再像过去那样只注重产品的价值,个人营销变得越来越重要。从某种意义上来说,个人营销已经成了产品营销重要的组成部分。如何凸显个人的形象,如何展示个人的风格,成了营销工作的要点。如果深入进行分析,产品营销时代其实更需要建立个人IP。

什么是IP?IP(Intellectual Property)就是知识产权的简称,是一种文化输出,具备自主生命力,具备合理的价值观和世界观,能够吸引和引导受众群体,获取更大的流量。IP的概念非常宽泛,某人讲了一个精彩的故事,某个产品有一个经典的形象设计、某件非常突出的艺术品、某个企业的商标、某部影视作品,或者某一种流行文化,都可以当成IP来看待。个人的说话方式往往也可以当作IP,比如很多相声演员会有独特的口头禅或者音色,这就是个人明显的标志,是区别于他人并吸引他人关注的关键要素。

销售者也可以建立自己的IP,而首先要做的就是打造一个属于自己的说话风格。对于销售者来说，保持独一无二的说话模式和风格，是吸引顾客并升华品牌形象的一个重要方法。

美国艾奥瓦州锡格尼市有一家名叫凯欧库克的旅馆，很多人平时都喜欢去这家旅馆投宿，一些经常需要出差的销售者尤其喜欢到这家旅馆投宿。原因很简单，大家都喜欢旅馆的老板韦勒先生。韦勒先生是一个笑口常开的人，平时总会说一些好听的话逗大家开心。多年来，他从来没有说过一句让人感到不舒服的话。不论是谁，只要和他说上几句话，心情就会变好。也正是因为如此，大家都亲切地称呼他为"快乐的韦勒"。这种快乐表达的标签深入人心，并成为这家旅馆的一个招牌，使得大家愿意接受他的服务，而一些销售者更是慕名前来请教说话的技巧，最终，庞大的人流为韦勒带来了巨额的财富。

实际上，每个人都有自己的说话特点。比如，有的人说话比较幽默，有的人说话时气势很足，有的人说话时声音甜美，有的人说话很有节奏感，有的人说话音色低沉，有的人说话时旁征博引、滔滔不绝，有的人说话字正腔圆，像播音员一样，有的人说话音调很另类，让人印象深刻……不同的人会有不同的说话方式，最重要的是要形成自己的风格。

那么如何才能形成自己的说话风格呢？

首先，寻找并发挥出自己的优势，看看自己在说话方面拥有什么特点和专长。这种优势的挖掘需要人们主动了解自己、认识自己，对自己的气质、知识、性格、能力、音色、语调语气、兴趣爱好有一个正确的评估，找出自己最具优势的点。

比如，某个销售者平时说话很快，而且吐字清晰，能够在短时间内将一大段内容说得很清楚。那么他在顾客和客户面前介绍产品的时候，可以适当展示自己的能力，快速说出产品的特点，以此来体现出自己独一无二的销售风格。

又如，某个销售者说话非常有煽动性，对于感情的把握恰到好处，对于节奏和语调的控制也非常出色，每次说话的时候，都可以将他人的情绪调动起来。正因为如此，他可以利用自己说话的优势进行销售，在顾客面前展示煽动性的言语，引导顾客消费。

其次，当找到自己身上的特点和优势后，一定要进行固化和强化。所谓的固化是指坚持按照某种形式去说话，形成一种习惯。比如某个人具有天生的幽默细胞，那么在和顾客沟通的时候，他就可以更多地使用幽默的方式进行对话，养成幽默对话的习惯，以使这种习惯继续得到强化。简单来说，就是继续锻炼和提升，确保自己的优势不断扩大，这也是打造个人独一无二风格的关键步骤。

需要注意的是，很多个人特色或者个人印记明显的表达并不一定受大家欢迎，不一定被顾客接受，销售者需要先看看自己的表达方式有什么反馈，针对一些不足的地方进行调整和完善，尽可能在强化个人特色和迎合顾客需求方面形成一个完美的平衡。

一般来说，一种受到欢迎和认同的说话风格，必然具备一些基本的特点，比如声音要好听。好听的声音往往让顾客听着身心舒畅且印象深刻，但声音好听并没有一个明确的标准：有的声音很甜美，有的很柔和，有的富有磁性，有的清亮，有的低沉，有的富有沧桑感，有的听起来充满青春活力……好听的声音必须发音清晰，必须富有感情，必须自信。音调和音量要得到合理控制，不能让人觉得很怪。

又如说话要简洁明快，少说废话，不要说一些重复性的话。在表达的时候必须精练，毕竟顾客不可能花太多时间听一些无意义的内容。很多人注重内容的大而庞杂，这其实并不利于与顾客进行沟通。

　　做一个优秀的销售者说话必须要有节奏感。如果一段话说得平淡无奇，顾客可能会丧失兴趣。想要吸引顾客，想要打造一个更具魅力的说话风格，一定要确保说话的节奏感，抑扬顿挫都要得到合理控制，这样才能够把话说得有趣味。

　　无论怎样，具有风格的说话方式必须让人听着舒适，且能够留下不错的印象，使得顾客一听到这种表达就可以联想到销售者本人，或者联想到美好的消费体验。也正是因为如此，很多独特的表达风格，除了说话有特色之外，还要有得体的肢体语言相配合。销售者可以通过一些有趣的、夸张的，或者具有明显个人特色的动作来展示自己。比如，林肯总统在演说的时候经常会甩动头部。当他想要强调某个观点的时候，甩动头部的幅度会很大。有时候他会举起双臂，握紧拳头，在空中挥舞，表明自己激烈的情绪。这些肢体语言往往会带来明显的个人标签。

　　总的来说，销售者想要打造属于自己的说话风格，最重要的是找到适合自己的特点，或者适合自己发挥的表达模式，然后对这个模式进行强化，形成一个习惯并不断进行完善和提升，最终变成一种具有强烈个人印记的风格。

2023 年 1 月记于潮白河畔